JN450677

태권도 전공영어

이정일 · 최원교

도서출판 **진영사**

태권도 전공영어

이정일 · 최원교

2011년 3월 8일 초판 인쇄
2011년 3월 10일 초판 발행
2017년 8월 10일 초판4쇄 발행

발행인 박 진 영

발행처 도서출판 진영사
인천광역시 부평구 부평동 134-16 태승빌딩 4층
전화 : 032)505-4207
팩스 : 032)505-4206
E-mail : 0183734207@hanmail.net
등록 : 122-91-77317

ISBN 978-89-6541-030-0 92740
값 13,000원

저자와 합의로 인지첨부를 생략합니다.
저작권의 보호를 받는 저작물입니다.
내용과 구성의 무단 전제 및 도용을 금합니다

머리말

태권도 용어의 정확한 영어표현은 있을 수 없습니다. 가장 정확한 표현은 한국어 입니다. 영어 사용자들의 이해를 돕기 위한 방법이며 일단 영어 사용자들이 영어용어를 통해 이해한 다음 한국어를 받아들이는 방법이 가장 적절하기 때문에 태권도 전공용어를 제시하는 바입니다. 영어 사용자들이 가장 잘 이해 하는 영어표현 또한 가장 적절한 영어 용어임은 확실 합니다.

태권도 전공영어라 하여 크게 거창할 필요도 없다. 그저 몸과 마음에 익힌 태권도에 가장세계적인 한국어와 더불어 사용해주면 되는 것이다. 맞다 영어를 학문적으로 다루는 경우에는 말이 달라진다. 태권도는 우리가 주인이다. 아무리 좋은 상품도 그 나라 정서에 맞게 홍보되어져야 만 그 상품의 우수성을 알게 되는 것처럼 말이다.

태권도 전공영어는 말 그대로 태권도를 전공한 사람들에게는 많은 도움이 될 것이다. 미국, 캐나다, 영국에 가서 현지인들에게 영어를 지도하는 것이 아닌 태권도를 지도하기 위한 최소한의 교재이기 때문이다. 부디 이교재가 해외 여러나라에 태권도를 보급 하는 우리 지도자들에게 기죽지 말고 지도할 수 있기를 바란다.

말이란 아 다르고 어 다르더란 말이 있다. 우리나라 말 또한 어려운 게 사실인데 영어는 얼마나 더 어렵겠는가.. 평소에 잘 사용하지도 않는데 말이다.

일단은 떠들어보자 해외에서는 보여주는 것도 좋지만 교감이 완성되면 서로 알아들으려 노력한다. 못하면서 포장하지 말고 태권도의 자신감으로 해보자.

발음 뭐 이런 거 잠시 접어두자. 벙어리가 말을 못하는데 어떻게 발음을 가르칠 수 있는가? 말을 해야 교정이 된다. 여기나온 발음은 극히 한국식이다.

한국적인 게 세계적인 거라고 태권도 종주국 토종 발음이나 세계적 발음이 될 날을 기대해 본다. 필자 또한 해외 여러 곳에서 지도해본 경험으로 자신 있게 말할 수 있다. 태권도 기술의 습득은 기능적이다. 반복 동작을 익히고 또 익혀야 한다. 그러면서 자신도 모르게 태권도 습득이 가능해 질 거라 생각한다.

또한 이 교재는 태권도를 전공한 학생들과 한국산업인력공단 국제태권도학교 양성과정의 해외태권도 취업 지도자들의 참고서이며 영어 학습적 교과 지도서가 아님을 공지한다.

2011년 3월

저자일동

목 차

Moo Do Jung Shin' Spirit of Martial Arts

The goal of martial arts training is not merely learning how to fight. Self-defense skill is important but there is more to it in martial arts training. Complete martial artist strives to improve physically, mentally and spiritually while polishing combat skills. Without character development, one's martial arts skills may become more of liability than assets. True martial artist avoids unnecessary conflicts by all means and does not take combat lightly. Yet, when confronted by unjust threats, martial artist will fight back with an absolute resolve. Fighting for a cause, is the essence which differentiates between a common fighter and a warrior. Fighter fights for ambition, recognition, pride and money··· while warrior fights for a cause. This is the code and spirit of a warrior; that we are pacifists who are ready to fight back. American Martial Arts Academy strives to instill this spirit within its students, to go along with their physical self-defense skills. Second, attributes of martial artist is··· that we do go beyond the call of duty. A true martial artist always strive for perfection, not merely passing grade or meeting status quo set by an individual, organization or society. This attitude and approach reflects in the way we practice, teach and manage our school. Our student are always taught to do their up most best in everything. Strive for excellence is our way of life and the spirit of martial arts.

from American Martial Arts Academy

태권도 전공 기본영어 용어

◎ 한국어 영어표현 외국인 발음

한국어	영어표현	외국인 발음
관장님	grandmaster	kwan jang nim
사범님	instructor/master	sah bum nim
제자	pupil	jeja
주심	referee	joo sim
부심	judge	bu sim
배심	juror	bae sim
계심	time keeper	kae sim
기록자	recorder	ki rohk ja
차려	attention	cha ryuht
준비	ready	choon bi
바로	return to starting position	bah ro
뒤로 돌아	about face	dwi uro do rah
돌아	turn	do rah
일어서	stand	elosoh
그만(멈춰)	stop	(also "mum cho"gomahn
국기에 대해여	face the flag	geuk gie Dae ha yoh
국기에 대한 경례	Salute the national flag	geuk gie Dae ha yoh
좌우향우	face each other	jwa woo hyang woo
사범님께	face instructor	sah bum nim keh
심사관님께	face examiner/tester	Simsa kwan nim keh
도복 단정히	fix your uniform	Dobok dahnjung hee
띠 단정히	fix your belt	Dhee dahnjung hee

한국어	영어표현	외국인 발음
해산(헤쳐)	class dismissed	hai sahn
정리(정렬)	line up	jonglee
경례	bow	kyung nae
서기	stance	Sohgi
자세	posture	jah seh
앞굽이	Front bent knee stance	ahp koo bi
뒷굽이	back bent knee stance	dwi koo bi
범 서기	tiger stance	beom sohgi
주춤서기	horseback riding stance	juchoom sohgi
겨루기 자세	sparring stance	kyorugi jaseh
준비 자세	ready stance	choon bi jaseh
기본 자세	basic stance	gibon jaseh
꼬아 서기	crossed foot stance	koh ah sohgi
모아 서기	close stance	mo ah sohgi
막기	block	mahki
차기	kick	cha gi
지르기	thrust(or punch)	chirugi
치기	strike(with the hand)	chi gi
차기	strike(with the foot)	cha gi
손 기술	hand technique	sahn ki sool
발 기술	foot technique	bahl ki sool
겨루기	sparring	kyorugi
발 바꾸기	changing step	bal bakoogi
뛰어	jumping	tdwim yu
돌아	to turn	dora
돌려	spinning	dol ryu
피하기	dodging	pyi ha gi
헤쳐	spreading	hecho

한국어	영어표현	외국인 발음
모여	gathering	moyo
명상	meditation	myoung sang
무도 정신	mental strength	moodo jung shin
정신통일	concentration of the mind	jung shin tong il
정신수양	development of the mind	jung shin soo yang
정도	the "right" way	jung do
심신단련	mind and body discipline	sim shin dahn ryun
호흡	breathing	ho hyoop
심호흡	breathing control	shim ho hyoop
힘	force or power	himm
기	life-energy	ki
단전	the center of your	"ki dahnjun
복부	the stomach area where is generated	"ki" bokboo
중심	center of gravity	choong sim
조준	focus of your energy	cho jun
증가	increase(to strengthen)	jeung ga
펴기	stretching	pyugi
우	right(also "oh-ruen“)	oo
좌	left(also "wen")	joa
앞	front	ahp
안	inner	ahn
바깥	outer	bah kat
반대(뒤로)	reverse	bahn dae
뒤	back	dwi

한국어	영어표현	외국인 발음
안으로	inward	ahnuro
바깥으로	outward	bahkuro
위	high(up)	whee
위로	upward	whee uro
가운데	middle	guande
얼굴(상단)	high section	ulgool
몸통(중단)	missle section	momtong
아래(하단)	low section	ah rae
손날	knife hand	sahnkal
손날 등	ridgehand	sahnkal deung
바탕손	palm heel	bahtong sahn
손 등	back hand	sahn deung
아금손	arc hand	ah keum sahn
집게 손	pincers hand	jipke sahn
주먹	fist	joomok
등주먹	110back fist	deung joomuk
메주먹	hammer–fist	me joomuk
밤주먹	middle–finger one–knuckle fist	bam joomuk
편주먹	flat (=open) fist	pyun joomuk
편손끝	spearhand	pyun sahnkeut
손끝	spearfinger	sahn keut
가위 손끝	scissors–shaped spearfingers	gawi sahnkeut
바깥 팔목 막기	outer forearm block	bahkat palmohk mahki
안 팔목 막기	inner forearm block	ahn palmohk mahki
안으로 막기	inward block	ahnuro mahki
바깥으로 막기	outward block	bahkuro mahki
아래 막기	low block	ahrae mahki
올려 막기	rising block	ohl ryu mahki

한국어	영어표현	외국인 발음
비틀어 막기	twisting block	bituro mahki
가위 막기	scissors block	gahwi mahki
금강 막기	diamond-shaped block	keumgang mahki
산틀 막기	mountain-shaped block	santeul mahki
외 산틀 막기	part mountain-shaped block	weh santeul mahki
엇갈려 막기	cross block	utgallruyuh mahki
헤쳐 막기	scattered block	hechuh mahki
바탕손 막기	pressing down block	bahtangsohn mahki
주먹 지르기	straight fist	joomok chirugi
바로 지르기	straight punch	bahro chirugi
반대 지르기	reverse punch	bahndae chirugi
연속 지르기	combination punch	yung seuk chirugi
두 번 지르기	double punch	doo bun chirugi
세 번 지르기	triple punch	sae bun chirugi
손끝 지르기	spearfinger thrust	sahnkeut chirugi
세워 지르기	vertical punch	sewo chirugi
돌려 지르기	round punch	dolrya chirugi
내려 지르기	downward punch	nehryuh chirugi
두 주먹 지르기	doublefist punch	doo joomuk chirugi
금강 지르기	diamond-shaped punch	keumgang chirugi
뻗어 올리기	stretching kick	bbua olligi
밀어 차기	pushing kick	milo chagi
앞차기	front kick	ahp chagi
옆차기	side kick	yup chagi
돌려차기	round(=roundhouse) kick	dolryu chagi

한국어	영어표현	외국인 발음
뒤차기	back kick	dwi chagi
뒤돌아 차기	back round kick	dwi dolrya chagi
반달차기	crescent kick	bahndall chagi
후려차기	wheel kick	hoohrio chagi
내려찍기	ax kick("downward foot strike")	nehryuh jeek gi
표적차기	target kick	pyojuk chagi
뛰어차기	jumping kick	tdwim yah chagi
연속차기	combination(=consecutive) kick	yung seuk chagi
날아차기	flying kick	nalla chagi
가위차기	scissors kick	gahwi chagi
나래차기	double flying kick	narae chagi
겨루기	(free)sparring	kyorugi
한 번 겨루기	one step sparring	han bun kyorugi
두 번 겨루기	two step sparring	doo bun kyorugi
세 번 겨루기	three step sparring	sae bun kyorugi
자유 겨루기	semi free sparring	ja yu kyorugi
맞춰 겨루기	arranged free sparring	machuoh kyorugi
시합	bout or match	shihap
점수	point	jeum su
금 밖	out of bounds	keum bahk
경고	warnning	kyong go
감점	deduction of point	gam jeum
실격	disqualification	shil kyuk
부상	injury	boo sang
승	win	seung

자 기 소 개

자기소개는 처음 만난 사람에게 내가 누구라는 것을 밝히는 예식으로 볼 수 있다. 모든 예식이 그렇듯이 시작과 끝이 분명하다.

상대가 불특정다수일 경우 시작은 "Ladies and Gentlemen!" 또는 "Hello, everyone!"이라고 한다. 다음 상대방에게 내 소개를 시작한다는 뜻으로 "May I introduce myself?"라고 한다. 또는 "Please, allow me to introduce myself"도 많이 쓴다.

그 다음 자신의 이름은 "My name is (이름) (성)"라고 밝히면 된다. 이때 자신의 이름 앞에 호칭은 붙이지 않는 경우가 보통이다. 특히 상대방이 서양인일 경우, 자신의 나이는 굳이 말할 필요가 없다. 나이를 말하거나 묻는 것은 서로에 대한 실례이기 때문이다. 실제 자기소개의 예를 보자.

"Hello, everyone! Please, allow me to introduce myself. My name is Seung Wu Nam."

①I was born in Seoul. ②I live with my parents. ③My family consists of four people: my dad, my mom, my younger sister and me. My dad is a taekwondo instructor like myself. My mom is a housewife. My younger sister goes to Kyunghee University ④majoring in taekwondo.

My sister and I started taekwondo from an early childhood. ⑤My dad strongly recommended it to us for disciplinary purposes. For the next few years, I would like to ⑥concentrate (most of my time) on (perfecting my taekwondo skills and teaching my students.)

⑦I hope to have a wonderful learning experience with you in this class. Thank you."

위 사례의 중요성은 다음과 같다. ①은 자신의 배경을 나타낸다. 해외나 다른 도시에서 왔을 경우는 "I am originally from Seoul"이라고 한다. ②'부모와 함께 산다'는 표현은 내 자신은 '미혼'이라는 뜻이 담겨있다. 굳이 "I am single."이라고 밝힐 필요는 없다. 요즘은 이혼이 하도 많아 부모 집으로 돌아와 사는 '돌싱' 들을 나타내는데 쓸 수도 있다.

③가족의 구성을 표현하는 단어로 'consist of' 외에 'is made of', 또는 'is composed of '라는 구동사(일명, 二語동사)를 쓸 수 있고, comprises와 같은 단일동사를 쓰기도 한다. 아버지, 어머니를 쓰는데 굳이 'my(나의)'라는 소유격 대명사를 그것도 매번 쓸 필요가 있겠는가, 라는 질문이 있을 수 있다. 서양인은 공동작업과 공동소유의 개념에 익숙한 '농경민'이나 '유목민'이 아닌 사유제가 분명한 '상공인'의 후예이기에 그들의 언어에도 내 것과 너의 것에 대한 개념이 너무할 정도로 분명하다. 이에 비해 동양인은 언어에 있어서 '우리'라는 경계선이 분명하지 않은 표현이 많다. ④'majoring in'이란 구동사는 '~을 전공한다'라는 뜻이다. 'specializing'이란 단일동사를 쓸 수도 있다.

⑤'strongly recommended'란 '강추'라는 뜻이다. 결국 부모가 시켜서 어쩔 수 없이 했다는 것을 미화시킨 표현이다. 'disciplinary purposes'란 '교육, 또는 훈련을 목적'으로 라는 말로 실제 뜻은 좋은 버릇, 어른들 말 잘 듣고, 사회에 잘 적응하라는 의미를 가진 것이다. 태권도의 인성교육을 말한다.

⑥'concentrate (A) on (B)'란 'A를 B를 위해 집중하다'라는 말로 '모든 시간을 태권도기술을 완성시키고 가르치는데 쓴다'는 뜻이다. 'Perfecting'이란 '완벽하게 만든다'라는 동사로 'mastering'이란 말로 대치할 수 있다. 말 그대로 마스터가 된다는 뜻이다. 기술이란 말로는 'skills' 외에 'techniques'란 말도 쓴다

⑦'have a wonderful learning experience'란 말 그대로 '좋은 배움의 경험, 또는 시간이 되길 바란다'는 말로 사범 자신도 배우는 입장이라는 겸손의 의미를 포함한 말이다. "Thank you" 또는 "Thank you for listening" 으로 자기소개를 마친다.

오늘은 차렷서기, 준비서기를 영문 표현으로 어떻게 하고 그 용도가 무엇인지 공부하자.

[본문 1]

When your sabeomnim says “Charyeot”, it means you take an “attention stance”. Put your feet and knees together. Bring your chest out like soldiers and hold your arms tightly to the sides. This is the standard pose you should take when your sambeomnim yells "line up" for class. You are not supposed to move while in attention position.

[해설 1]

사범님이 “차렷”이라고 말할 때, 그 말뜻은 “차렷자세”을 취하라는 뜻이다. 발과 무릎을 한데 붙여라. 군인처럼 가슴을 펴고 양손은 옆에 바짝 붙여라. 이것은 사범님이 “모여”라고 외치면 여러분이 취해야 할 표준 자세다.

[풀이 1]

attention=주목, 차렷; stance=자세, 서기; put A and B together=A와 B를 한데 모으다; bring A out=A를 꼿꼿이 세우다; hold=놓다; tightly=바짝, 꽉; standard pose=표준자세; yell=외치다; line up=모여, 집합; not supposed to~=~을 해서는 안 된다.

[본문 2]

“Junbi” means taking a ready position. Put your feet a shoulder-width apart and keep them parallel. Hold your fists in front of your belt knot with your arms slightly bent. The gap between your fists and the belt knot should be a fist-width. It is the beginning and end of most of the training forms.

[해설 2]

"준비"는 준비자세를 취하라는 뜻이다. 발을 어깨너비 정도 벌려 놓고 평행을 유지해라. 주먹은 띠의 매듭 앞에 팔을 약간 구부린 상태로 놓아라. 주먹과 띠의 매듭 사이는 주먹너비 정도가 좋다. 이것은 대부분의 수련(형태)을 시작하고 끝날 때 취하는 자세다.

[풀이 2]

ready=준비; put A apart=A를 벌려놓다; a shoulder-width=(한) 어깨너비; keep A parallel=A를 평행으로 유지하다; fist=주먹; in front of~=~앞에; belt knot=띠의 매듭; slightly bent=약간 구부린 채; gap=사이, 공간; between A and B=A와 B사이에; the beginning and end=시작과 끝; training forms=수련 형태들

태권도신문 발췌

◎ 태권도 수련 영단어

face	[페이스]	얼굴
eye	[아이]	눈
nose	[노우즈]	코
mouth	[마우쓰]	입
ear	[이얼]	귀
brow	[블라우]	이마
head	[헤드]	머리
neck	[네크]	목
chest	[췌스트]	가슴
trunk	[트렁크]	몸통
arm	[아암]	팔
elbow	[엘보우]	팔굽
leg	[레그]	다리

◎ 태권도 수련 영단어 (신체용어)

knee	[니]	무릎
waist	[웨이스트]	허리
hip	[히프]	엉덩이
groin	[그로인]	낭심
hand	[핸드]	손
foot	[풑]	발
wrist	[리스트]	손목
ankle	[앵클]	발목
finger	[핑거]	손가락
fist	[피스트]	주먹
hand knife	[핸드 나이프]	손날
heel	[힐]	발뒤꿈치
instep	[인스텝]	발등
inside foot	[인사이드 풑]	발바닥
warming up	[워닝 업]	준비운동
cooling down	[콜링 다운]	정리운동
meditation	[메디테이션]	명상
attention	[어텐션]	차렷
bow	[바우]	경례
ready	[레디]	준비
begin/go	[비긴/고우]	시작
stop	[스탑]	바로
turn to left	[턴 투 레프트]	좌향좌

turn to right	[턴 투 라이트]	우향우
face to face	[페이스 투 페이스]	좌우향우
stand up	[스텐드 업]	일어서
sit down	[싵 다운]	앉아
lie on back	[라이 온 백]	누워
grand master	[그랜드 마스터]	관장
master	[마스터]	사범
uniform	[유니폼]	도복
color belt	[칼라 벨트]	유급자
black belt	[블랙 벨트]	유단자
basic form	[베이싀 폼]	기본동작
sparring	[스파링]	겨루기
one-step sparring	[원-스텝 스피링]	약속겨루기
self-defence technique	[셀프-디펜스 테크닉]	호신술
breaking	[블레이킹]	격파
demonstration	[데몬스트레이션]	시범
competition	[캄퍼티션]	시합

◎ 태권도 수련 영단어 (서기동작)

close stance	[클오즈 스탠스]	모아서기
parallel stance	[패러렐 스탠스]	나란히서기
riding stance	[리딩 스탠스]	주춤서기
walking stance	[워킹 스탠스]	앞서기
back stance	[백 스텐스]	뒷굽이서기
forward twist stance	[포워드 트위스트 스탠스]	앞꼬아서기
tiger stance	[타이거 스탠스]	범서기
crane stance	[크레인 스탠스]	학다리서기

◎ 태권도 수련 영단어 (막기동작)

low block	[로우 블락]	아래막기
trunk/middle block	[트렁크 블락]	몸통막기
face/high block	[페이스 블락]	얼굴막기
hand knife block	[핸드 나이프 블락]	손날막기
scattered block	[스캐터드 블락]	헤쳐막기
mountain shape block	[마운틴 쎄잎 블락]	산틀막기
scissors block	[시저즈 블락]	가위막기
inward block	[인워드 블락]	안막기
outward block	[아웃워드 블락]	바깥막기
cross wrist block	[클오스 리스트 블락]	엇걸어막기
forearm lunge block	[포람 런지 블락]	거들어막기

◎ 태권도 수련 영단어 (차기동작)

front kick	[프론트 킷]	앞차기
roundhouse kick	[라운드하우스 킷]	돌려차기
side kick	[사이드 킷]	옆차기
ax kick	[엑스 킷]	내려차기
back kick	[백 킷]	뒷차기
crescent kick	[크레센트 킷]	반달차기
pushing kick	[푸싱 킷]	밀어차기
jump kick	[점프 킷]	뛰어차기
back spin kick	[백 스핀 킷]	뒤후려차기
front spin kick	[프론트 스핀 킷]	앞후려차기
scissors kick	[시저즈 킷]	가위차기

◎ 태권도 수련 영단어 (찌르기동작)

upper spear finger thrust

[엎퍼 스피어 핑거 쓰러스트]편손끝제쳐찌르기

straight spear finger thrust[스트라이크 스피어 핑거 쓰러스트]

편손끝세워찌르기flat spear finger thrust

[플랫 스피어 핑거 쓰러스트]

편손끝엎어찌르기scissors spear finger thrust

[시저즈 스피어 핑거 쓰러스트]

가위손끝찌르기single spear finger thrust

[싱글 스피어 핑거 쓰러스트]한손끝찌르기

trunk/middle punch	[트렁크 펀치]	몸통지르기
face/high punch	[페이스 펀치]	얼굴지르기
straight punch	[스트레이트 펀치]	바로지르기
reverse punch	[리버스 펀치]	반대지르기
side punch	[사이드 펀치]	옆지르기
upper punch	[엎퍼 펀치]	제쳐지르기
round punch	[라운드 펀치]	돌려지르기

◎ 태권도 수련 영단어 (치기동작)

front strike	[프론트 스트라이크]	앞치기
side strike	[사이드 스트라이크]	옆치기
elbow strike	[엘보우 스트라이크]	팔굽치기
knee strike	[니 스트라이크]	무릎치기
target strike	[타겟 스트라이크]	표적치기
inward strike	[인워드 스트라이크]	안치기
outward strike	[아웃워드 스트라이크]	바깥치기
twin side elbow strike	[트윈 사이드 엘보우 스트라이크]	멍에치기

◎ 생활필수 용어

river	[리버]	강
wood	[우드]	나무, 목재
tree	[트리]	나무
hill	[힐]	언덕
lake	[레이크]	호수
ground	[그라운드]	땅, 운동장
plant	[플랜트]	식물
rock	[록]	바위
stone	[스토운]	돌
sun	[썬]	태양
cloud	[클라우드]	구름
rain	[레인]	비
snow	[스노우]	눈
shower	[샤워]	소나기
earth	[얼쓰]	지구
joy	[조이]	기쁨
anger	[앵거]	노여움
hope	[호웁]	희망
dream	[드림]	꿈
love	[러브]	사랑
peace	[피이스]	평화
mood	[무드]	기분
danger	[데인저]	위험
advice	[어드바이스]	충고
care	[케어]	근심,걱정
pardon	[파아든]	용서
hurry	[헐리]	서두름

alarm	[알람]	놀람,경보
wonder	[원더]	놀라움
family	[패믈리]	가족
home	[홈]	가정
parent	[페어런트]	부모
father	[파더]	아버지
mother	[머더]	어머니
grandfather	[그랜드파더]	할아버지
grandmother	[그랜드머더]	할머니
brother	[브라더]	형, 오빠, 남동생
sister	[시스터]	언니,자매, 여동생
son	[썬]	아들
daughter	[도오터]	딸
cousin	[키즌]	사촌
uncle	[엉클]	백부, 숙부
aunt	[안트]	이모, 숙모
place	[플레이스]	장소, 위치
house	[하우스]	집, 가옥
gate	[게이트]	문, 출입문
door	[도어]	문
hall	[호올]	현관, 홀
window	[윈도우]	창문
room	[룸]	방
kitchen	[키친]	부엌
floor	[플로어]	마루
stair	[스테어]	계단
roof	[로우프]	지붕
wall	[월]	벽
bridge	[브리지]	다리

hospital	[허스피틀]	병원
church	[처어취]	교회
bus	[버스]	버스
taxi	[택시]	택시
subway	[썹웨이]	지하철
train	[트레인]	열차
plane	[플레인]	비행기
ship	[쉽]	배
boat	[보트]	작은 배
bicycle	[바이시클]	자전거
people	[피플]	사람들
baby	[베이비]	아기
kid	[키드]	아이
child	[차일드]	아이
boy	[보이]	소년
girl	[걸]	소녀
man	[맨]	남자
woman	[우먼]	여자
student	[스튜어던트]	학생
author	[어서]	저자
friend	[프렌드]	친구
guest	[게스트]	손님
citizen	[시티즌]	시민
thief	[시이프]	도둑
devil	[데블]	악마
color	[컬러]	색
white	[화이트]	흰색
black	[블랙]	검정
yellow	[엘로우]	노랑

blue	[블루]	파랑
red	[레드]	빨강
green	[그린]	녹색
pink	[핑크]	분홍
brown	[브라운]	갈색
gray	[그레이]	회색
gold	[골드]	금색, 금
silver	[실버]	은색, 은
time	[타임]	시간
o'clock	[어클락]	~시
morning	[모닝]	아침
afternoon	[앱터눈]	오후
A. M.	[에이엠]	오전
P. M.	[피엠]	오후
evening	[이브닝]	저녁
night	[나이트]	밤
today	[투데이]	오늘
tonight	[투나잇]	오늘 밤
year	[이어]	년, 나이
month	[먼쓰]	월, 달
week	[위이크]	주, 일주일
day	[데이]	날, 하루
holiday	[헐리데이]	휴일
food	[푸드]	음식
dish	[디쉬]	접시
spoon	[스푼]	숟가락
knife	[나이프]	칼
chicken	[치킨]	닭고기
salad	[샐러드]	샐러드

egg	[에그]	달걀
rice	[라이스]	밥, 쌀
bread	[브레드]	빵
dessert	[디저트]	후식
milk	[밀크]	우유
water	[워어터]	물
glass	[글레스]	유리
ice	[아이스]	얼음
cake	[케이크]	케잇
January	[제뉴웨리]	1월
February	[페뷰웨리]	2월
March	[마아취]	3월
April	[에어프럴]	4월
May	[메이]	5월
June	[주운]	6월
July	[주라이]	7월
August	[어거스트]	8월
September	[셒템버]	9월
October	[악토우버]	10월
November	[노우벰버]	11월
December	[디셈버]	12월
season	[씨이즌]	계절
spring	[스프링]	봄
summer	[써머]	여름
autumn	[어텀]	가을
winter	[윈터]	겨울

현장에서 통하는 실속회화

날 씨

(Weather)

A : What' s the weather like outside?

B : It' s warm.

A : Do you like this kind of weather?

B : Yes, I like warm days.

A : It' s a fine day.

B : I think I will be able to do exercise better today.

A : 바깥 날씨 어떠니?
B : 따듯해요
A : 이런 날씨 좋아하니?
B : 예, 저는 따듯한 날이 좋아요
A : 날씨 좋은 날이다
B : 운동 더욱 잘 되겠는걸

1. 바깥 날씨 어떠니?

✎ ________

2. 따듯해요

✎ ________

3. 이런 날씨 좋아하니?

✎ ________

4. 예, 저는 따듯한 날이 좋아요

✎ ________

5. 날씨 좋은 날이다

✎ ________

6. 운동 더욱 잘 되겠는걸

✎ ________

Key Expressions
weather : 날씨
warm : 따듯한
outside : 바깥, 외부
fine : 맑은, (날씨등이) 쾌청한

집 합
(Gathering)

A : Everyone, come here! Let' s start today' s exercise.

B : Sit up straight.

A : What do I have here?

B : Fun king cards.

A : You can leave them with your master for a while.

B : Take them after the exercise.

A : Okay.

A : 집합, 운동 시작하자
B : 정좌
A : 내가 가지고 있는 물건은 무엇이니?
B : 유희왕카드입니다
A : 사부님에게 잠시 맡겨두도록 하자
B : 운동 끝나고 가져가
A : 예

1. 집합, 운동 시작하자

✎ ________

2. 정좌

✎ ________

3. 내가 가지고 있는 물건은 무엇이니?

✎ ________

4. 유희왕카드입니다

✎ ________

5. 사부님에게 잠시 맡겨두도록 하자

✎ ________

6. 운동 끝나고 가져가

✎ ________

7. 예

✎ ________

Key Expressions
everyone : 모두 start : 출발하다
king : 왕 straight : 똑바로
leave : (편지등을) 두고가다

아픈친구
(Sick friend)

A : Gil-dong is absent from the Taekwondo class today.

B : I' ve heard that he' s in the hospital.

A : Really?

B : Yes.

A : I heard it from his mom herself in the morning.

B : Oh, that' s why he got two hours off from the school today.

A : 길동이 오늘 태권도 결석이야
B : 입원하고 있데
A : 정말이니?
B : 그래
A : 아침에 길동이 엄마께 직접 들었어
B : 그래서 오늘 학교에서 두시간 일찍 조퇴했구나

1. 길동이 오늘 태권도 결석이야

✎ ________

2. 입원하고 있데

✎ ________

3. 정말이니?

✎ ________

4. 그래

✎ ________

5. 아침에 길동이 엄마께 직접 들었어

✎ ________

6. 그래서 오늘 학교에서 두시간 일찍 조퇴했구나

✎ ________

Key Expressions
absent : 결석 class : 학급, 반
hear : 듣다 hospital : 병원
school : 학교

운동 중 휴식

(Break during the exercise)

A : Aren't you tired? Let's take a ten-minute break.

B : Thank you.

A : (A moment later) Everyone, gather around.

B : Pardon?

A : Has the break finished already?

B : How many minutes have passed?

A : Just five minutes, sir.

A : 힘들지? 10분간 휴식
B : 감사합니다
A : (잠시 후) 집합
B : 예?
A : 벌써 쉬는 시간이 끝났어요?
B : 지금 몇 분 지났지?
A : 이제 겨우 5분 지났습니다

1. 힘들지? 10분간 휴식

✎ __________

2. 감사합니다

✎ __________

3. (잠시 후) 집합

✎ __________

4. 예?

✎ __________

5. 벌써 쉬는 시간이 끝났어요?

✎ __________

6. 지금 몇 분 지났지?

✎ __________

7. 이제 겨우 5분 지났습니다

✎ __________

Key Expressions

tire : 피곤하다 gather : 모으다, (주목 등을) 받다

finish : 끝내다 already : 이미 pass : 지나가다

운동 중 부상

(An injury during the exercise)

A : What happened, Jun-hee?

B : I think I' ve sprained my ankle.

A : Are you okay?

B : I don' t think I can exercise Taekwondo any more.

A : Let' s go to see a doctor.

B : I hope it' s not a serious injury.

A : 무슨 일이니, 준희야?
B : 다리가 삔 것 같아
A : 괜찮니?
B : 더 이상 태권도를 할 수 없겠어
A : 의사 선생님께 가보자
B : 중상이 아니면 좋겠는데

1. 무슨 일이니 준희야?

✎ ________

2. 다리가 삔 것 같아

✎ ________

3. 괜찮니?

✎ ________

4. 더 이상 태권도를 할 수 없겠어

✎ ________

5. 의사 선생님께 가보자

✎ ________

6. 중상이 아니면 좋겠는데

✎ ________

Key Expressions

ankle : 발목 sprain : 삐다 think : 생각하다

Let's : ~하자 go : 가다 see : 보다

hope : 희망 serious : 중상 injury : 상해, 손상

화장실이 어디예요?
(Where is a toilet?)

A : Where is a toilet?

B : It' s at the end of the corridor.

A : Thank you.

B : May I help you find the toilet?

A : Yes, please.

A : 화장실이 어디에 있니?
B : 복도 끝에 있어
A : 고마워
B : 그 곳을 찾는데 도와줄까?
A : 응, 부탁할게

1. 화장실이 어디에 있니?

✏ ________

2. 복도 끝에 있어

✏ ________

3. 고마워

✏ ________

4. 그 곳을 찾는데 도와줄까?

✏ ________

5. 응, 부탁할게

✏ ________

Key Expressions
end : 끝 corridor : 복도
find : 찾아내다, 발견하다

취 미
(Hobby)

A : What' s your hobby?

B : I like playing fun games.

A : What about you?

B : I have many hobbies.

A : I like computer games in particular.

B : Oh, we have similar hobbies.

A : 너는 취미가 뭐니?
B : 나는 즐거운 게임을 하는거
A : 너는?
B : 나는 취미가 많아
A : 특히 컴퓨터 게임을 너무 좋아하지
B : 우리는 취미가 비슷하구나

1. 너는 취미가 뭐니?

✎ ________

2. 나는 즐거운 게임을 하는거

✎ ________

3. 너는?

✎ ________

4. 나는 취미가 많아

✎ ________

5. 특히 컴퓨터 게임을 너무 좋아하지

✎ ________

6. 우리는 취미가 비슷하구나

✎ ________

Key Expressions

hobby : 취미 like : 좋아하다 many : 많은

particular : 특히 similar : 비슷한, 유사한

스트레스 해소
(Getting rid of stress)

A : I' m so stressed out.

B : What' s wrong?

A : I' m tired of learning English.

B : I' m really frustrated.

A : Don' t worry.

B : Let' s go to the Taekwondo gym early.

A : That' s a good idea. I' m going to get rid of stress, exercising kicks.

A : 아주 열 받았어

B : 무슨 일인데?

A : 영어 배우는데 이젠 싫증이 나

B : 정말 스트레스가 쌓여

A : 걱정하지마

B : 우리 태권도장에 일찍 가자

A : 좋은 생각이야 발차기로 스트레스를 해소시켜야지

1. 아주 열 받았어

✎__________

2. 무슨 일인데?

✎__________

3. 영어 배우는데 이젠 싫증이 나

✎__________

4. 정말 스트레스가 쌓여

✎__________

5. 걱정하지마

✎__________

6. 우리 태권도장에 일찍 가자

✎__________

7. 좋은 생각이야, 발차기로 스트레스를 해소시켜야지

✎__________

Key Expressions
wrong : 나쁜, 그릇된
frustrate : 좌절시키다, 방해하다
exercise : 운동

따라하기

(Imitating movements)

A : Let' s learn a new way of kicking.

B : Yes, master.

A : Today, you' re going to learn how to jump high and kick toward the front.

B : Isn' t it too difficult?

A : Don' t worry. You can do it.

B : Okay.

A : 모두 새로운 발차기를 배워보자

B : 예, 사부님

A : 오늘은 높이뛰어 앞차기를 알려줄께

B : 너무 어렵지 않나요?

A : 걱정하지 마라, 너희들은 할 수 있을꺼야?

B : 예

1. 모두 새로운 발차기를 배워보자

✎ ________

2. 예, 사부님

✎ ________

3. 오늘은 높이뛰어 앞차기를 알려줄께

✎ ________

4. 너무 어렵지 않나요?

✎ ________

5. 걱정하지 마라, 너희들은 할 수 있을꺼야?

✎ ________

6. 예

✎ ________

Key Expressions

learn : 배우다 kicking : (발을)차다

high : 높은 toward : ~쪽으로, ~을 향하여

front : 앞, 전방 too : 너무 ~한, 지나치게

difficult : 어려운 worry : 걱정, 근심

연 습
(Practice)

A : What are you good at?

B : I' m good at Taekwondo.

A : Oh, are you?

B : Yes, I' m getting better.

A : Practice makes perfect, as you know.

B : That' s right. I agree with you.

A : 너는 무엇을 잘 하니?
B : 태권도 하는 것
A : 태권도 잘 하니?
B : 응, 점점 나아지고 있어
A : 알다시피 연습하면 완벽해져
B : 맞아, 그런 것 같아

1. 너는 무엇을 잘 하니?

✏ ________

2. 태권도 하는 것

✏ ________

3. 태권도 잘 하니?

✏ ________

4. 응, 점점 나아지고 있어

✏ ________

5. 알다시피 연습하면 완벽해져

✏ ________

6. 맞아, 그런 것 같아

✏ ________

Key Expressions

better : 더 좋은 practice : 연습

right : 옳은, 바른 perfect : 완벽한

agree : 동의하다

좋아하는 발차기
(Favorite kick)

A : I don' t like taking exercises for physical strength.

B : Neither do I.

A : What' s your favorite exercise?

B : Taekwondo.

A : Especially, I like kicking.

B : I like all movements.

A : I like trunk reverse punch the most.

A : 체력운동은 정말 하기 싫어
B : 나도 그래
A : 좋아하는 운동은 무엇이니?
B : 태권도
A : 특히 발차기를 좋아해
B : 난 다 좋아해
A : 특히 품새를 제일 좋아하지

1. 체력운동은 정말 하기 싫어

✎ ________

2. 나도 그래

✎ ________

3. 좋아하는 운동은 무엇이니?

✎ ________

4. 태권도

✎ ________

5. 특히 발차기를 좋아해

✎ ________

6. 난 다 좋아해

✎ ________

7. 특히 품새를 제일 좋아하지

✎ ________

Key Expressions
physical : 신체의 strength : 힘, 체력
favorite : 특히 잘하는 especially : 특히
movement : 운동, 활동

품새습득 부탁

(Asking for help with practicing trunk reverse punch)

A : Have you finished learning trunk reverse punch this month?

B : No.

A : I' ve still got a lot to learn. It' s too difficult.

B : Do you need my help?

A : Yes, I' ll appreciate it if you help me.

B : Okay, what' s the most difficult part to you?

A : 이번 달 품새 다 배웠니?
B : 아니
A : 아직 멀었어, 너무 어려워
B : 도움이 필요하니?
A : 응, 너가 도와주면 고맙겠어
B : 좋아, 무엇이 문제야?

1. 이번 달 품새 다 배웠니?

✎ ________

2. 아니

✎ ________

3. 아직 멀었어, 너무 어려워

✎ ________

4. 도움이 필요하니?

✎ ________

5. 응, 너가 도와주면 고맙겠어

✎ ________

6. 좋아, 무엇이 문제야?

✎ ________

Key Expressions
finish : 끝내다 learn : 배우다
month : 달, 1개월 need : 필요
help : 도움 appreciate : 고맙게 생각하다
most : 가장 큰 difficult : 어려운

정수기

(Water purifier)

A : Are you thirsty?

B : Yes. It' s too hot and I' m thirsty.

A : Do you want to drink some water?

B : Yes, I' d like to drink cold water.

A : Okay, let' s go to drink water.

A : 목 마르니?
B : 예, 너무 덥고 목이 마릅니다
A : 물 마시고 싶지?
B : 예, 시원한 물을 마시고 싶습니다
A : 좋아, 물 마시러 같이 가자

1. 목 마르니?

✎ ___________

2. 예, 너무 덥고 목이 마릅니다

✎ ___________

3. 물 마시고 싶지?

✎ ___________

4. 예, 시원한 물을 마시고 싶습니다

✎ ___________

5. 좋아, 물 마시러 같이 가자

✎ ___________

Key Expressions
thirsty : 목마른 hot : 더운 drink : 마시다
water : 물 cold : 차가운, 찬 let's : ~ 하자

야외수업

(Outdoor class)

A : It' s too noisy outside.

B : Can you hear me?

A : No.

B : I can' t hear you well.

A : All right.

B : Can you hear me now?

A : Yes, we can.

B : Good, gather around.

A : 밖에는 너무 시끄럽군
B : 애들아 사부님 말 잘 들리니?
A : 아니요
B : 큰 소리로 말씀해 주세요
A : 그래
B : 이제 들리니?
A : 네, 잘 들려요
B : 좋아, 집합

1. 밖에는 너무 시끄럽군

✎__________

2. 애들아 사부님 말 잘 들리니?

✎__________

3. 아니요

✎__________

4. 큰 소리로 말씀해 주세요

✎__________

5. 그래

✎__________

6. 이제 들리니?

✎__________

7. 네, 잘 들려요

✎__________

8. 좋아, 집합

✎__________

Key Expressions

noisy : 시끄러운 outside : 바깥쪽 hear : 듣다

now : 지금 gather : 모으다 around : 주위에

생일선물

(Birthday present)

A : Today is my birthday.

B : Congratulations!

A : Thank you.

B : Today is your day.

A : What kind of exercise do you want to practice?

B : I' d like to play a game.

A : Okay, today we' re going to play a game for exercise.

A : 오늘이 내 생일이지?
B : 축하해
A : 감사합니다
B : 오늘은 너의 날이다
A : 운동 뭐하고 싶니?
B : 게임하고 싶습니다
A : 알았다, 오늘 운동수업은 게임이다

승급시험
(Advancement test)

A : Have you passed the advancement test this month?

B : Yes, I have.

A : Congratulations!

What did the master ask you about?

B : He asked me about 'kicking terms' in Korean.

A : It was a tough question.

What about you?

B : Well, he asked me to say

"what is your belt color?" in Korean.

A : 이번 달 승급시험 합격했니?

B : 응, 합격했어

A : 축하해 사부님이 무엇을 물어보셨니?

B : '발차기 용어'를 한국어로 물어보셨어

A : 어려웠었어, 너는?

B : 응, 난 "당신의 띠 색깔은 무엇입니까"를 한국어로 물어보셨어

전화하기
(Making a phone call)

A : Hello, is this the Taekwondo gym?

B : Who's calling, please?

A : Hello, master, this is Joonhyeok.

B : Hi, what's up?

A : I have a cough and have caught a throat cold.

B : I think I will be able to make it tomorrow to the gym.

A : Okay, take care. See you tomorrow.

A : 여보세요, 태권도장이죠
B : 누구니?
A : 사부님, 준혁이예요
B : 그래, 무슨 일이니?
A : 기침과 목감기에 걸렸어요
B : 내일이면 도장에 갈 수 있을 꺼예요
A : 그래, 몸조리 잘하고. 내일보자

1. 여보세요, 태권도장이죠

✎__________

2. 누구니?

✎__________

3. 사부님, 준혁이예요

✎__________

4. 그래, 무슨 일이니?

✎__________

5. 기침과 목감기에 걸렸어요

✎__________

6. 내일이면 도장에 갈 수 있을 꺼예요

✎__________

7. 그래, 몸조리 잘하고. 내일보자

✎__________

Key Expressions

calling : 부름, 외침　cough : 기침하다　see : 보다

throat : 목구멍　think : 생각하다　tomorrow : 내일

실 수
(Making mistakes)

A : The door is broken.

B : How did it happen?

A : I broke it by mistake.

B : Haven' t you hurt yourself?

A : I said frankly to the master.

B : He said he would fix it after the exercise.

A : Everyone makes mistakes.

A : 문이 부셔졌어
B : 어떻게 이런 일이 생겼니?
A : 실수로 내가 부셨어
B : 다치지는 않았니?
A : 사부님께 말씀드렸어
B : 운동 후 수리하신데
A : 누구나 실수는 하기 마련이야

1. 문이 부셔졌어

✎ __________

2. 어떻게 이런 일이 생겼니?

✎ __________

3. 실수로 내가 부셨어

✎ __________

4. 다치지는 않았니?

✎ __________

5. 사부님께 말씀드렸어

✎ __________

6. 운동 후 수리하신데

✎ __________

7. 누구나 실수는 하기 마련이야

✎ __________

Key Expressions
door : 문 broke : 깨다,부수다 happen : 일어나다
mistake : 실수 hurt : 다치게하다, 아프게하다
frankly : 솔직히 fix : 고정시키다, 갖다붙이다 exercise : 운동

현지필수문장

I have chills. (오한이 납니다.)

I have pains in my back. (등이 아픕니다.)

I'm allergic to fish. (나는 물고기 알레르기가 있습니다.)

I have high blood pressure. (나는 혈압이 높습니다.)

I have a fever. (열이 있습니다.)

I have a cold. (감기에 걸렸습니다.)

I have a severe toothache. (심한 치통이 있습니다.)

I have something in my eye. (눈에 무엇인가 들어갔습니다.)

I'm suffering from insomnia. (불면증으로 고통받고 있습니다.)

I feel like throwing up. (토할 것 같습니다.)

I've got a heart problem. (심장 질환이 있습니다.)

I've got a sore throat. (목이 따끔합니다.)

I have a stuffy nose. (코가 막힙니다.)

Would you please call a doctor? (의사를 불러 주시겠습니까?)

Would you please call an ambulance? (구급차를 불러 주시겠습니까?)

Please take me to the hospital. (저를 병원으로 데려다 주십시오.)

How often do I have to take the medicine?
(얼마나 자주 약을 복용해야 합니까?)

How long will it take to recover? (회복하는데 얼마나 오래 걸립니까?)

How long must I rest? (얼마나 오래 쉬어야 합니까?)

Do you think it is serious? (심각하다고 생각하십니까?)

Is it contagious? (전염성이 있습니까?)

Do I need an operation? (수술을 받아야 합니까?)

Would you inform my family, please? (가족에게 알려 주시겠습니까?)

What's my temperature? (제 체온은 몇 도입니까?)

Is fishing allowed here? (여기서 낚시할 수 있습니까?)

I am interested in fishing. (저는 낚시에 관심이 있습니다.)

Can I do water-skiing there? (거기서 수상스키를 탈 수 있습니까?)

I missed the train. When does the next one depart?

(열차를 놓쳤습니다. 다음 출발은 언제입니까?)

How long is the delay? (얼마나 연착됩니까?)

How long does this train stop here?

(이 열차는 여기서 얼마 동안 정차합니까?)

Is this seat taken? (이 자리는 예약되었습니까?)

Is there a dining car? (식당칸이 있습니까?)

Where should I change trains? (어디서 열차를 갈아타야 합니까?)

I prefer a seat by the window. (창가쪽 자리를 원합니다.)

May I open the window? (창문을 좀 열어도 될까요?)

Which platform does this train depart from?

(이 열차는 어느 플랫폼에서 출발합니까?)

Do I have to change trains? (열차를 갈아타야 합니까?)

Which stop should I get off at? (어느 정거장에서 내려야 합니까?)

I would like a ticket to London. (런던행 티켓을 원합니다.)

What time do we board? (몇 시에 탑승합니까?)

This is my international driving permit. (이것은 제 국제 운전 면허증입니다.)

I'd like to rent this car for 2 days. (이틀 동안 이 차를 빌리고 싶습니다.)

I would like a round-trip ticket. (저는 왕복 티켓을 원합니다.)

How much is the fare to this place? (이곳까지의 요금은 얼마입니까?)

Does this bus go to this place? (이 버스는 이곳에 갑니까?)

I want to cancel this ticket. (이 티켓을 취소하고 싶습니다.)

How late does the subway run? (지하철은 얼마나 늦게까지 운행합니까?)

How often does the bus run? (그 버스는 얼마나 자주 옵니까?)

Every fifteen minutes. (15분마다 옵니다.)

How long does it take to go from here to the station by subway?
(여기에서부터 역까지 지하철로 얼마나 걸립니까?)

It takes about an hour. (약 한 시간 걸립니다.)

What do you think of Korea? (한국에 대해 어떻게 생각하세요?)

Would you please answer the phone? (전화를 좀 받아주시겠어요?)

May I have your phone number? (당신 전화번호 좀 알 수 있을까요?)

What's the date today? (오늘은 며칠입니까?)

What day is today? (오늘은 무슨 요일입니까?)

Please register this letter. (이 편지를 등기로 부쳐 주십시오.)

I'd like to send this letter by air mail.
(이 편지를 항공우편으로 보내고 싶습니다.)

How much will it cost to send these letters?
(이 편지들을 보내는데 요금이 얼마나 듭니까?)

Where can I get stamps and postcards?
(어디서 우표와 엽서를 구할 수 있습니까?)

Would you please send this parcel to this address as quickly as possible?
(이 소포를 가능한 한 빨리 이 주소로 보내 주시겠습니까?)

Would you please forward my mail to my address in Seoul?
(서울에 있는 제 주소로 제 우편을 보내 주시겠습니까?)

I want to make a collect call to Seoul.
(서울에 수신자 부담으로 전화를 걸고 싶습니다.)

I'd like to make an overseas call. (국제 전화를 하고 싶습니다.)

Where can I find a public phone? (어디서 공중전화기를 찾을 수 있습니까?)

The line is busy. (통화 중입니다.)

I'll call again later. (나중에 다시 전화하겠습니다.)

Who is calling, please? (전화 주신 분은 누구입니까?)

Could I leave a message? (메시지를 남길까요?)

Thank you for calling. (전화해 주셔서 감사합니다.)

Where can I change money? (어디서 돈을 바꿀 수 있습니까?)

Could you please give me change for this bill?

(이 지폐를 잔돈으로 바꾸어 줄 수 있습니까?)

It's a short walk. (가깝네요.)

It's not so far. (그렇게 멀지 않습니다.)

Is it close enough to walk? (걸을 만큼 가깝습니까?)

Wait here for a moment, please. (여기서 잠시 기다려 주십시오.)

I get off at the next stop. (나는 다음 정거장에서 내립니다.)

Let me off here, please. (여기서 내려 주십시오.)

Stop here, please. (여기서 멈춰 주십시오.)

May I take pictures here? (여기서 사진 찍어도 괜찮습니까?)

May I use a flash? (플래시를 사용해도 됩니까?)

Please write your address here. (여기에 당신의 주소를 적어주십시오.)

Can I have them reissued? (그것들을 다시 발행받을 수 있습니까?)

My wallet was stolen. (지갑을 도난 당했습니다.)

I lost my passport. (여권을 잃어버렸습니다.)

Whom should I inform? (누구에게 알려야 합니까?)

It's an emergency! (응급 상황입니다.)

Please call the police immediately. (즉시 경찰을 불러 주십시오.)

My passport is missing. (여권을 찾을 수가 없습니다.)

I was robbed of my wallet on the subway.

(지하철에서 지갑을 도난당했습니다.)

Where is the nearest subway station?
(가장 가까운 지하철역은 어디에 있습니까?)

Is there a public rest room near here? (이 근처에 공중 화장실이 있습니까?)

What time does it start? (그것은 몇 시에 시작합니까?)

What time does the film start? (영화는 몇 시에 시작합니까?)

When and where can we meet? (우리는 언제 어디서 만날 수 있습니까?)

Is it too far to walk? (걷기에는 너무 멉니까?)

Can anyone here speak English? (여기 있는 누군가 영어를 할 수 있습니까?)

Excuse me. How can I get to this place? (실례합니다. 이곳에 어떻게 갑니까?)

What's the name of this street? (이 거리의 이름은 무엇입니까?)

Is the hotel far from here? (그 호텔은 여기서 멉니까?)

I would like to have a haircut. (이발을 하고 싶습니다.)

I would like to have a shampoo. (샴푸하고 싶습니다.)

Just trim it, please. (다듬어만 주십시오.)

Not too short. (너무 짧지 않게 해 주십시오.)

I would like to have my hair dyed. (머리 염색을 하고 싶습니다.)

Would you please comb my hair back from the forehead?
(머리를 뒤로 넘겨 주시겠습니까?)

Is there a place to rest? (쉴 곳이 있습니까?)

Go straight ahead and turn to the right at the first corner.
(곧장 앞으로 가다가 첫 번째 모퉁이에서 오른쪽으로 도세요.)

Thank you for your kindness. (당신의 친절에 감사합니다.)

What's the population of your country? (당신 나라의 인구는 얼마나 됩니까?)

What do you call this flower in English? (영어로 이 꽃을 어떻게 부릅니까?)

What's the weather like? (날씨가 어떻습니까?)

Why don't you come to my house for dinner tonight?
(오늘밤 우리집에 저녁 식사하러 오는 게 어때요?)

How do you do, Mr. Kim? (처음 뵙겠습니다, 김씨.)

The Korean people are very diligent. (한국 사람들은 매우 부지런하다.)

Health is the best wealth. (건강은 최상의 재산이다.)

No news is good news. (무소식이 희소식이다.)

Best wishes for a happy new year. (새해 복 많이 받으십시오.)

I wish you many years of happiness. (당신의 오랜 행복을 기원합니다.)

I hope you'll get over your cold soon. (감기가 빨리 낫기를 기원합니다.)

Let's meet again! (다시 만납시다!)

Happy Easter. (즐거운 부활절을 지내십시오.)

It's a nice day. (좋은 하루입니다.)

It's hot. (덥습니다.)

It's getting foggy. (안개가 자욱해 집니다.)

The sky is clearing up. (하늘이 개고 있습니다.)

It will be sunny tomorrow. (내일은 밝은 하루가 될 것입니다.)

It's a nasty day. (심술궂은 날이군요.)

What do you think the weather looks like? (날씨가 어떨 것 같습니까?)

I've enjoyed my stay. (즐겁게 보냈습니다.)

Where is the dining room? (식당은 어디에 있습니까?)

Is there a snack bar here? (여기에 스낵바가 있습니까?)

Is there a beauty shop? (미장원이 있습니까?)

Where is the emergency exit? (비상 출구는 어디에 있습니까?)

I want to find an apartment for rent. (임대용 아파트를 찾고 싶습니다.)

I'd like to rent a two-room apartment.
(방 두 개 짜리 아파트를 세 얻고 싶습니다.)

I would prefer a furnished apartment. (가구가 있는 아파트를 원합니다.)

How much is the down payment? (계약금은 얼마입니까?)

How much is the monthly rate? (월세는 얼마입니까?)

Can you make reservations for me? (저를 위해서 예약해 주실 수 있습니까?)

Do we have to make a reservation? (예약을 해야 합니까?)

Are there any good restaurants around here?
(여기 근처에 좋은 레스토랑이 있습니까?)

Do you have a table by the window? (창가 테이블이 있습니까?)

Hello, I would like a table for five. (여보세요, 5인용 테이블이 필요합니다.)

We are a party of six. (저희 일행은 6명입니다.)

I'll have whatever you recommend. (당신이 추천해 주는 것을 먹겠습니다.)

What do you recommend? (무엇을 추천합니까?)

What's the specialty of the house? (이 집의 특별 요리는 무엇입니까?)

Menu, please. (메뉴, 부탁드립니다.)

I'll have the same thing. (같은 것으로 하겠습니다.)

I'll have this. (이것으로 하겠습니다.)

I would like a continental breakfast. (가벼운 아침 식사를 하고 싶습니다.)

Well-done, please. (잘 익혀 주십시오.)

I would like a cup of coffee. (커피 한 잔으로 하겠습니다.)

May I have a glass of water? (물 한 잔 주시겠습니까?)

I'd like to place an order. (주문하고 싶습니다.)

Two hamburgers to go, please. (햄버거 두 개 포장해 주십시오.)

Would you please pass the salt? (소금 좀 건네주시겠습니까?)

Can I have it right away? (지금 당장 그것을 받을 수 있습니까?)

A little more, please. (좀 더 주십시오.)

It was delicious. (맛있었습니다.)

How does it taste? (맛은 어떻습니까?)

My order hasn't come yet. (주문한 요리가 아직 오지 않았습니다.)

How do you eat this? (이것을 어떻게 먹습니까?)

It is cold. (식었습니다.)

It is too sweet. (너무 답니다.)

I believe the bill is added up wrong. (계산이 잘못된 것 같습니다.)

The bill is on me. (제가 내겠습니다.)

I'll treat you to dinner this evening. (오늘 저녁 식사는 제가 대접하겠습니다.)

The next round is on me. (다음은 제가 내겠습니다.)

On ice. (얼음 띄워서.)

When do you close? (언제 닫습니까?)

I'm just looking around. (그냥 둘러보고 있습니다.)

On which floor is the food department? (몇 층에 식당가가 있습니까?)

I will come back later. (나중에 다시 오겠습니다.)

Where can I buy it? (어디서 그것을 살 수 있습니까?)

Do you have one like this? (이것과 같은 것을 갖고 있습니까?)

Do you have this in another color? (다른 색으로 된 것 있습니까?)

Do you have a bigger one? (더 큰 것 있습니까?)

Do you have a cheaper one? (더 싼 것 있습니까?)

How long will it take to repair? (수리하는데 얼마나 걸립니까?)

Will you guarantee the repairs? (수리[A/S]를 보증합니까?)

I'd like to try this on. (이것을 입어 보고 싶습니다.)

Do you have a jacket to match these trousers?

(이 바지들과 어울리는 재킷 있습니까?)

Is this genuine leather? (이것은 진짜 가죽입니까?)

I'd like a leather wallet. (가죽 지갑으로 하고 싶습니다.)

Will you show me how to operate it?
(그것을 어떻게 작동시키는지 보여 주시겠습니까?)

Do you have stamps? (우표 있습니까?)

Are these crystals? (이것들은 크리스털입니까?)

Would you please wrap it? (그것을 포장해 주시겠습니까?)

Where do I pay? (어디서 계산합니까?)

Can you give me a receipt, please? (영수증을 주실 수 있습니까?)

I already paid. (나는 이미 지불했습니다.)

I'd like to return this. (이것을 반품하고 싶습니다.)

Here's my receipt. (영수증 여기 있습니다.)

This is broken. (이것은 고장났습니다.)

How long do you intend to stay in Paris?
(당신은 파리에 얼마나 오래 머무를 예정입니까?)

I prefer to go by bus. (나는 버스로 가길 원합니다.)

I would like to go somewhere to relax.
(나는 휴식차 어디론가 가고 싶습니다.)

Would you please tell me what museums are here?
(여기에 어떤 박물관이 있는지 말씀해 주시겠습니까?)

I'll get the tickets. (티켓은 제가 준비하겠습니다.)

I'll pick you up at seven o'clock. (7시에 당신을 데리러 가겠습니다.)

Never mind. (신경 쓰지 마십시오.)

Oh, it's nothing. (오, 그것은 별거 아닙니다.)

Forget it. (잊어 주십시오.)

That's my fault. (제 잘못입니다.)

It was careless of me. (제 실수였습니다.)

I didn't mean that. (제 의도는 그것이 아니었습니다.)

Next time I'll get it right. (다음에 시정하겠습니다.)

Forgive me for being late. (늦은 것을 용서해 주십시오.)

I'm sorry to have kept you waiting. (기다리게 해서 죄송합니다.)

I beg your pardon. (한번더 말씀해 주십시오.)

Please speak more slowly. (좀 더 천천히 말씀해 주십시오.)

Just a moment, please. (잠시만 기다려 주십시오.)

What's this? (이것은 무엇입니까?)

Please write it here. (여기에 써 주십시오.)

What does this mean? (이것은 무엇을 의미합니까?)

May I bother you a moment? (잠시 방해해도 괜찮습니까?)

Can I borrow your pen? (펜을 빌릴 수 있습니까?)

Come with me! (저와 함께 합시다!)

May I take a look at it? (그것을 볼 수 있을까요?)

Let me be your guide. (제가 안내해 드리겠습니다.)

The sooner the better. (빠를수록 좋습니다.)

Would you please help me carry this?
(이것을 옮기는 것을 도와주실 수 있습니까?)

Will you please post this letter for me?
(이 편지를 대신 부쳐주시겠습니까?)

Will you help me with this problem?
(이 문제를 해결하는데 도와주시겠습니까?)

Will you do me a favor? (한가지 부탁 좀 들어주시겠습니까?)

May I have your address? (당신의 주소를 알려 주실 수 있습니까?)

Please call a doctor. (의사에게 전화 연락해 주십시오.)

May I offer you a drink? (당신에게 한 잔을 드려도 괜찮겠습니까?)

Take your time. (시간을 갖으십시오. / 시간을 갖고 생각하십시오.)

I'm not sure. (확실하지 않습니다.)

I don't think so. (저는 그렇게 생각하지 않습니다.)

I'm afraid not. (그렇지 않을까 봐 걱정입니다. / 죄송하지만 아닙니다.)

Don't be nervous. (긴장하지 마십시오.)

You make me sick. (힘들게 하는군요.)

It's incredible. (믿을 수 없습니다. / 놀랍군요.)

What a surprise! (놀랍군요!)

You must be kidding! (농담이죠!)

I'm afraid you've mistaken. (당신이 실수했는지 걱정입니다.)

Don't bother with what he said. (그가 말한 것에 신경 쓰지 마십시오.)

Cool it! (진정하십시오!)

Cheer up! (힘냅시다!)

I feel blue. (우울합니다.)

Oh dear, what a mess! (오 이런, 엉망이군요!)

It's early. (이릅니다. / 빠릅니다.)

Is it late? (늦습니까?)

How long will it take to walk over there?
(거기까지 걸어가는데 얼마나 걸립니까?)

Have a nice trip! (좋은 여행하십시오!)

I'm glad to see you again. (다시 만나서 기쁩니다.)

How are you? (요즘 어떠십니까?)

It is nice to meet you. (만나서 반갑습니다.)

I'm married. (결혼했습니다.)

How are you getting along? (어떻게 지냈습니까?)

What's new? (새로운 것이 있습니까?)

We haven't met each other for a long time. (오랫동안 서로 만나지 못했지요.)

I'm pleased to do so. (잘 되었습니다.)

May I have your name? (이름 좀 알려 주실 수 있습니까?)

This is my business card. (제 명함입니다.)

May I introduce you to my wife? (당신을 제 아내에게 소개하겠습니다.)

Please give my kind regards to your mother.

(당신의 어머님께 안부 좀 전해주십시오.)

Say hello to David for me. (David 에게 대신 안부 좀 전해주십시오.)

Take care of yourself. (몸조심하십시오.)

Let's keep in touch. (계속 연락합시다.)

I'm looking forward to seeing you again. (다시 만나기를 학수고대하겠습니다.)

Make yourself at home. (편히 계십시오.)

Would you like to come with me? (저와 함께 가시겠습니까?)

Let's go swimming. (수영하러 갑시다.)

Would you care for something to eat? (무언가 드시겠습니까?)

Will you be free tomorrow? (내일 한가하십니까?)

I'll treat you to a drink. (제가 한 잔 사겠습니다.)

How about a drink? (한 잔하시겠습니까?)

Cheers! (건배!)

Let's take a coffee break. (잠시 쉬면서 커피 한 잔합시다.)

That's very kind of you. (매우 친절하시군요.)

Thank you for your compliment. (당신의 칭찬에 감사드립니다.)

That sounds good. (좋습니다.)

Thank you for a nice day. (좋은 하루를 보내게 해주셔서 감사합니다.)

Thank you for picking me up. (데리러 와 주셔서 감사합니다.)

I'm really grateful to you. (정말로 감사합니다.)

Thank you for your trouble. (당신의 수고에 감사드립니다.)

Don't worry! (걱정하지마!)

I feel frustrated because I can't express myself well in English.

(영어로 의사전달을 잘 하지 못해 답답하다.)

I feel frustrated because no one listens to me.

(아무도 내 얘기를 안 들어주니 답답하다.)

How's business going? (사업이 어떻게 되어갑니까?)

That's a great idea! (아주 좋은 생각입니다!)

The expiration date has passed. (통조림이나 우유등 상하기 쉬운 음식의 유통기한이 지나 "유효기간이 지났다.")

What's wrong with it? (뭐가 잘못됐어요?)

When was it delivered? (언제 배달됐지요?)

I sometimes feel homesick. (나는 가끔 향수를 느낀다.)

How's life in Korea? (한국 생활이 어떻습니까?)

What do you do when you get lonely? (외로울 때는 무엇을 하십니까?)

That's a private matter. (그건 비밀이지.)

I have to withdraw some money from the ATM.

(현금자동인출기에서 돈을 좀 인출해야 한다.)

Cash or check? (현금입니까, 수표입니까?)

What seems to be the problem? (무슨 문제라도 있습니까?)

That's terrible. (거 참 안됐군요.)

I'm a light drinker. (저는 술이 약합니다.)

I don't want to drink anymore. (더 이상 마시고 싶지 않습니다.)

I drink socially. (나는 사교상 술을 마신다.)

I'm a moderate drinker. (나는 술을 적당히 마신다.)

I'm a heavy drinker. (나는 술을 많이 마신다.)

I have a terrible stomachache. (배가 아파 죽겠어요.)

Did you take any medicine? (약은 먹었어?)

I hope you'll get well soon. (곧 낫길 바란다.)

I was born and raised here. (저는 이곳 토박이입니다.)

See you later. (다음에 만납시다.)

Thank you very much. (매우 고맙습니다.)

I see. (알겠습니다.)

That's all right. (괜찮습니다.)

How far? (얼마나 멉니까?)

How many? (얼마나 많습니까?)

How long? (얼마나 깁니까? / 얼마나 오래 걸립니까?)

Excuse me a moment. (잠시 실례하겠습니다.)

You're welcome. (천만에요.)

Here you are. (여기 있습니다.)

This way. (이쪽입니다.)

Whom should I ask? (누구에게 물어봐야 합니까?)

I don't understand. (잘 이해가 안 갑니다.)

I'm sorry, I didn't catch you. (미안합니다. 이해하지 못했습니다.)

After you. (먼저 하십시오. / 먼저 가십시오.)

There's a lot of traffic. (교통량이 많습니다.)

I would like to do that, thank you. (그것으로 하겠습니다. 고맙습니다.)

Lie on your stomach. (엎드려 누우세요.)

Lie on your back. (드러누우세요.)

Lie on your side. (옆으로 누우세요.)

Like this? (이렇게요?)

I guess you're right. (네 말이 맞아.)

You did the right thing. (옳은 일 했어.)

Please accompany me. (함께 가요.)

Catch up! (앞서 가는 사람이 뒤쳐진 사람에게 "어서 와" "빨리 따라붙어")

Where are you going? (어디 가십니까?)

How was your weekend? (주말 어땠습니까?)

Why don't you take me next time? (다음에는 저를 좀 데려가 주세요.)

Sure thing. (그러죠.)

It won't hurt to try. (해봐서 해될 것 없어)

this dish called? (이 음식 이름이 뭡니까?)

Where's the fire? (왜 그렇게 급해?)

Hurry up! (서둘러!)

I'm late for a meeting. (모임에 늦었어.)

What do you want to get for your birthday? (너 생일에 뭐 갖고 싶니?)

All the students in our class work hard.
(우리 학급의 모든 학생들은 열심히 공부한다.)

She loves her cat very much.
(그녀는 자기의 고양이를 매우 많이 사랑한다.)

I saw a tall man yesterday. (나는 어제 키가 큰 남자를 보았다.)

I asked him a question. (나는 그에게 질문을 하나 했다.)

London is the capital of England. (런던은 영국의 수도이다.)

The cat under the table is sleeping. (탁자 밑에 있는 고양이는 자고 있다.)

You and I are good friends. (너와 나는 좋은 친구이다.)

He keeps a dog. (그는 개를 한 마리 기른다.)

To play the piano is very difficult. (피아노를 치는 것은 매우 어렵다.)

He speaks too fast. (그는 너무 빨리 말을 한다.)

They loved each other. (그들은 서로 사랑했다.)

The book on the desk is mine. (책상 위에 있는 책은 내것이다.)

I watch television after dinner. (나는 저녁 식사 후에 TV를 본다.)

Be kind to your neighbors. (네 이웃 사람들에게 친절해라.)

What kind of ice cream do you like?

(너는 어떤 종류의 아이스크림을 좋아하니?)

Rabbits are fast animals. (토끼는 빠른 동물이다.)

Don't speak so fast. (그렇게 빨리 말하지 마라.)

I take a walk in the park every Sunday. (나는 일요일마다 공원을 산책한다.)

I am free today. (나는 오늘 한가하다.)

I'll see him after I get back. (내가 돌아온 뒤에 그를 만나겠다.)

She arrived early in the afternoon. (그녀는 오후 일찍 도착했다.)

We'll soon have a twenty-minute break.

(우리는 곧 20분간의 휴식을 갖게 될 것이다.)

The work is very easy. (그 일은 매우 쉽다.)

There are some bad men in this town.

(이 마을에는 몇 명의 나쁜 사람들이 있다.)

We don't have many foreign friends.

(우리는 외국인 친구들을 많이 갖고 있지 않다.)

He does not have any money on him. (그는 돈을 한 푼도 갖고 있지 않다.)

We didn't have much trouble solving the problem.

(우리는 그 문제를 푸는 데 큰 어려움이 없었다.)

Who answered this question? (누가 이 질문에 대답했습니까?)

What does she do in the evening? (그녀는 저녁에 무엇을 합니까?)

What happened yesterday? (어제 무슨 일이 일어났습니까?)

Which is larger? (어느 것이 더 큽니까?)

Who is he talking to? (그는 누구에게 말을 하고 있습니까?)

Please tell me who bought the pen.

(누가 그 펜을 샀는지 저에게 말씀해 주십시오.)

Do you know what he was doing there?

(당신은 그가 거기에서 무엇을 하고 있었는지 알고 있습니까?)

I want to know when she will be back.

(나는 그녀가 언제 돌아올지를 알고 싶습니다.)

Who do you think he is? (당신은 그가 누구라고 생각합니까?)

Which way do you suppose they will go?

(당신은 그들이 어느 길로 갈 것이라고 생각합니까?)

How many students do you think there are in this school?

(당신은 얼마나 많은 학생들이 이 학교에 있다고 생각합니까?)

How can I jump so high? (어떻게 내가 그렇게 높이 뛸 수 있겠는가?)

Never say such a thing. (그런 말을 하지 마라.)

Let him wait for a minute. (그에게 잠깐 기다리게 하시오.)

Let me know as soon as you get there.

(당신이 거기에 도착하는 즉시 나에게 알려 주시오.)

Shall we go to the park after lunch? (우리 점심 식사 후에 공원에 갈까요?)

Go back to your seat. (네 자리로 돌아가거라.)

How well she speaks English! (그녀는 영어를 참 잘하는구나!)

How beautiful she is! (그녀는 정말 아름답구나!)

How interesting this story is! (이 이야기는 정말 재미있구나!)

May you succeed! (부디 성공하기를!)

God bless you! (신의 은총이 있기를!)

May she return safe! (그녀가 무사히 돌아오기를!)

It was raining and the game was called off.

(비가 와서 그 게임은 취소되었다.)

Everybody knows that he is honest.

(그가 정직하다는 것은 모두가 알고 있다.)

To tell a lie is wrong. (거짓말하는 것은 나쁘다.)

That you are wrong is clear. (네가 틀렸다는 것은 명백하다.)

Whether he will come or not does not matter.

(그가 오고 안 오고는 문제가 안 된다.)

To see is to believe. (보는 것이 믿는 것이다.)

My aim in life is to become a teacher.

(내 인생의 목표는 선생님이 되는 것이다.)

This is what I wanted. (이것이 내가 원했던 것이다.)

The question is whether we should go or not.

(문제는 우리가 가야 하느냐 가지 말아야 하느냐 하는 것이다.)

basic hand motion exercise

교육 목표 : 흰 띠 때부터 앞으로 나올 손동작들에 대해서 연습함으로 하여금 동작의 정확성을 길러주며 반복 학습을 통해 몸에 배인 동작으로 만들고 또 왼쪽은 한글 과 오른쪽은 영어를 사용함으로써 동작에 대한 명칭을 확실히 알 수 있다.

① attention--→ ready / 다 같이 언어를 따라 하며 차렷 다음 준비 서기 자세를 취한다.

② horse stance "주춤 서기 자세" (교육자가 "horse stance" 라 외치면 시작)

왼발을 주춤서기 하듯이 벌려주고 양팔을 앞으로 X 자를 만들며 뻗어주며 "horse" 라고 외치고, 양팔을 당기며 양주 먹을 허리에 붙이며 "stance"라고 외친다. (양 무릎을 구부린다. 발은 끝날 때까지 움직이지 않는다.)

③ 왼손 몸통 지르기 (기합) / 두 번 지르기 ("태" "권") / 세 번 지르기 상, 중, 하 ("태" "권" "도")

④ 아래 막기(down block) / 왼손을 오른 어깨로 올리며 오른팔은 가볍게 아래로 펴며 "아래"(준비동작)라고 외치고 교차시켜 막으며 "막기"(주동작)라고 외친다. 반대편 동작은 손만 바꿔 하되 준비 동작에"down"이라고 외치고 주 동작에 "block" 이라고 외친다.(전체적인 기본 틀은 동일하다. 준비동작과 주 동작으로 나눠 동작을 취한다.)

⑤ 몸통막기(chest inner block) / 오른팔을 앞으로 뻗고 왼손을 손등이 왼뺨을 향하게 하여 올려주며 "몸통" 이라 외치고 오른 주먹을 허리로 하고 왼손으로 막기를 하며 "막기"라고 외친다. 왼팔을 앞으로 뻗고 오른 손등이 오른뺨을 보도록 올리며 "chest inner" 라고 외치고 왼 주먹을 허리로 하고 오른손으로 막기를 하며 "block" 이라 외친다.

⑥ 얼굴 막기(face block) / 왼손을 오른쪽 장골능 쪽으로 향하고 오른손은 가볍게 왼쪽 가슴 쪽으로 향하며 "얼굴"이라 외치고 왼손과 오른손 교차 시켜 막기를 하며 "막기"라고 외친다. 오른손을 왼쪽 장골능 쪽으로 향하고 왼손은 가볍게 오른 가슴 쪽으로 향하며 "face"라 외치고 교차시켜 막기를 하며 "block" 이라 외친다.

⑦ 한 손날 막기(hand knife block) / 왼손을 오른쪽 장골능 쪽으로 향하며 손날을 만든다. 오른손은 가볍게 왼쪽 가슴 쪽으로 향하며"한 손날"이라 외치고(시선은 왼쪽) 왼손과 오른손 교차 시켜 막기를 하며 "막기"라고 외친다. 오른손을 왼쪽 장골능 쪽으로 향하고 손날을 만든다. 왼손은 가볍게 오른 가슴 쪽으로 향하며"hand knife"라 외치고(시선 오른쪽) 교차시켜 막기를 하며 "block" 이라 외친다.

⑧ 양 손날 막기(double hand knife block) / 왼손을 오른쪽 장골능 쪽으로 향하며 손날을 만들고 오른손은 가볍게 펴서 오른쪽으로 향하며 손날을 만들며"양 손날"이라 외치고(시선은 왼쪽) 왼손과 오른손 막기를 하며 "막기"라고 외친다. 오른손을 왼쪽 장골능 쪽으로 향하고 손날을 만들고 왼손은 가볍게 펴서 왼쪽을 향하며 손날을 만들며"double hand knife"라 외치고(시선은 오른쪽) 막기를 하며 "block"이라 외친다.

⑨ 한 손날 목 치기(hand knife) / 준비동작은 몸통 막기와 동일하되 왼손을 손날로 만들며" 한 손날"이라고 외치고 교차 시켜 목 치기를 하며 "목 치기"라고 외친다. (시선은 정면) 왼팔을 앞으로 향하고 오른 손은 손날을 만들며 "hand" 외치고 목 치기를 하며 "knife"를 외친다.

⑩ 제비 폼 목 치기(swallow shape hand knife neck strike) / 왼손은 손날을 만들어 뒤쪽으로 가볍게 펴고 오른손은 손날을 만들어 왼쪽 어깨 앞에 놓으며 "제비 폼"이라고 외치고 오른 손날 얼굴 막기와 왼 손날목 치기를 하며 "목 치기"라고 외친다. 반대쪽도 마찬가지로 손을 바꿔 준비동작을 취하며"swallow shape hand knife neck"외치고 주 동작을 하며"strike"이라 외친다.

⑪ 손 끝 찌르기(spear finger) / 왼손을 손날을 만들어 왼쪽 허리에 위치하고 오른팔은 앞으로 가볍게 펴며 "손 끝"이라 외치고 교차시켜 찌르며"찌르기"이라 외친다. 반대편은 손을 바꿔 하되 준비동작에 "spear" 주 동작에"finger"라고 외친다.

⑫ 등주먹 치기(back fist) / 오른팔을 가볍게 펴 앞으로 향하며 왼손을 오른 겨드랑이에 가져가며 "등주먹" 이라 외치고 치기 동작을 하며"치기"라 외치고 반대편은 손을 바꿔 하되 준비동작에 "back" 이라 외치고 주 동작에 "fist" 라고 외친다.

⑬ stop "바로 자세 = 준비 서기 자세" / 왼발을 움직여 준비 자세를 취한다.

⑭ rest "쉬어 = 차렷" / 모든 동작이 끝이 난 상태이기 때문에 "태권"이라고 외치며 "차렷"을 한다. 허리를 숙여 마무리 인사를 하고 자기 자리를 찾아가 줄을 맞춘다.

basic eight stance exercise

교육목표: 모든 동작의 기본이 되는 "차렷"에서 부터 품새에 나오는 기본적인 서기 동작들을 모아 연속동작 으로 수련을 쌓을 수 있는 프로그램으로 태권도를 모르는 초보자들도 쉽게 따라할 수 있으며 기본 서기 동작을 초기에 잡아줌으로 해서 품새나 기타 동작 시 매우 안정적으로 자세를 잡을 수 있다.

① attention--→ ready / 다 같이 언어를 따라 하며 차렷 다음 준비 서기 자세를 취한다.

② attention "차렷" / 발을 모으고 "차렷"을 하며 "attention"이라고 외친다.

③ ready stance "준비 서기 자세" / 왼발을 한 족장만큼 옆으로 벌려주며 주먹을 쥐며 양손을 가슴까지 올리면서 "ready"라고 외치고, 양손을 내리며 준비동작을 취하며 "stance"라고 외친다.

④ horse stance "주춤 서기 자세" / 왼발을 주춤서기 하듯이 벌려주고 양팔을 앞으로 X 자를 만들며 뻗어주며 "horse" 라고 외치고, 양팔을 당기며 양 주먹을 허리에 붙이며 "stance"라고 외친다. (양 무릎을 구부린다)

⑤ walking stance "앞 서기 자세" / 오른발을 움직이지 않고 왼발을 움직여 걸어가는 보폭만큼 앞에 놓고(앞서기 자세처럼) 왼 주먹을 오른 어깨로 올리고 오른팔을 아래로 향하도록 펴면서 "walking"이라고 외치고, 왼 주먹은 왼쪽 허벅지쪽으로 향하고 오른주먹은 허리로 향하며 "stance"라고 외친다.

⑥ forward stance "앞 굽이 자세" / 왼발을 보폭 두 배 정도넓이로 앞으로 뻗으며 왼 무릎을 구부려 아래를 내려다 보았을 때 왼 무릎과 발가락이 일치하도록 하고 오른다리는 곧게 편다 그리고 왼주먹을 오른어깨로 올리고 오른팔을 아래로 향하도록 펴면서 "forward"라고 외치고, 왼 주먹은 왼쪽 허벅지쪽으로 향하고

오른 주먹은 허리로 향하며 "stance"라고 외친다.

⑦ back stance "뒷 굽이 자세" / 오른발을 틀어 가로로 두고 왼발을 세로로 오른발로부터 한족장반 만큼 까 지 당기고 오른 무릎을 구부려 무게중심의 70%를 두고 왼 무릎은 살짝 구부려 무게중심의 30%를 둔다. 양 팔을 구부려 왼팔이 앞으로 오게 하여 X 자를 만들고 왼손은 손을 펴서 손날을 만들며"back"이라고 외치고, 왼손날을 앞쪽으로 팔꿈치의 각도를 100~120%를 유지하며 오른주먹은 허리에 붙이며 "stance"라고 외친다.

⑧ tiger stance "범 서기 자세" / 앞을 기준으로 오른발각도를 30% 왼발은 정면으로 하여 왼발을 당겨 왼발 뒤꿈치가 오른발 엄지발가락과 평행선상으로 만들어 왼발뒤꿈치를 가볍게 들어준다. 양무릎의 무게중심은 "back stance"와 동일하며 상체를 살짝 앞으로 엉덩이는 의자에 앉듯이 살짝 빼준다. 왼팔은 뻗어서 주먹을 쥐고 오른팔은 몸 바깥쪽으로 접어 손은 편 상태로 손등이 자신의 볼을 보게끔 하며 "tiger"라고 외치고, 왼주먹을 허리로 당기고 오른팔은 가볍게 접혀 있는 상태로 몸 안으로 하며 오른손 날은 손날이 앞을 향하게끔 하여 손바닥 부분이 명치부위에 오게끔 하며"stance"라고 외친다.

⑨ cross stance "꼬아 서기 자세" / 오른발을 앞으로 향하게 하며 왼발을 오른발 뒤로 옮겨 왼발 앞꿈치로 오른발 바깥쪽 뒤꿈치에 찍고 왼발뒤꿈치는 들어준다. 왼팔은 뻗어 앞으로 향하고 오른주먹은 왼쪽 겨드랑이로가며 "cross"라고 외치고, 왼 주먹을 허리로 당기고 오른 주먹을 손등이 앞으로 향하게 하되 팔 꿈치의 각도는 100~120%로 치며 "stance"라고 외친다.

⑩ stop "바로 자세 = 준비 서기 자세" / 왼발을 움직여 준비 자세를 취한다.

⑪ rest "쉬어 = 차렷" / 모든 동작이 끝이 난 상태이기 때문에 "태권"이라고 외치며 "차렷"을 한다. 허리를 숙여 마무리 인사를 하고 자기 자리를 찾아가 줄을 맞춘다.

운동시간에 사용하는 문장

바른 자세 Right position (라이트 포지션)

정좌 Cross your legs in a like position (크로스 유어 레그스 인 어 라이크 포지션)

인사를 잘하자(하라) Give a good greeting (기브어 굿 그리띵)

힘있게 뻗어 질러라 Channel your stretch (채널 유어 스트레치)

동작은 끊어 멈추고 Make precise movements (메이크 프리사이즈 무브먼츠)

기압은 짧고 강하게 Make a short and powerful sound exertion

(메이크 어 숕 앤드 파워풀 사운드 이그져션)

기압 소리가 작다 Make a small sound exertion (메이크 어 스몰 사운드 이그져션)

조용히 해라 Be quiet (비 콰이어)

줄을 맞추어라 line up (라인 업)

움직이지 마라 Don`t move (돈트 무브)

장난치지 마라 Don`t fool around (돈트 풀 어라운드)

참 잘했어 You`re done very well (유아 돈 베리 웰)

좋았어 That`s good (댓스 굿)

멋지구나 That`s looks really good (댓스 룩스 리얼리 굿)

너무 잘 했다 That`s excellent (댓스 엑설런트)

최선을 다하는 자세 Try to do your best (트라이 투 두 유어 베스트)

열심히 해라 Work hard (워크 하아드)

정신을 집중해라 Concentrate (컨센트레잍)

잘 안돼요 That is not allowed (댓 이즈 낫 얼로우드)

힘들어요 It`s difficult (잇스 디피컬트)

이렇게 해봐라 Try and do it this way (트라이 앤드 두 잇 디스 웨이)

그것은 틀렸다 That`s wrong (댓스 롱)

국기에 대한 경례 Salute the flog (설루트 더 프로그)

바로 Exactly (이그잭틀리)

관장님께 대한 경례 Salute the gym`s owned (설루트 더 짐스 오운드)

사범님께 대하여 경례 Salute your teacher (설루트 유어 티쳐)

고참 Senior (씨니어)

신입생 New comer (뉴 컴머)

팔 벌려 뛰기 10회 10 Star jumps (텐 스타 점프스)

온몸에 힘을 빼라 Relax your body (릴랙스 유어 바디)

이름을 부르면 큰 소리로 대답해요 When your name is called reply loudly (웬 유어 네임 이즈 콜드 리플라이 라우들리)

차례차례 줄을 서서 다녀라 Do thing in torn (두 씽 인 토언)

절대로 싸우지 말라 Don`t fight at all (돈트 파이트 앧 올)

자신감 있는 행동을 하라 Do the activities with confidence (두 더 액티비티스 위드 컨피던스)

자신 있게 대답해 Answer confidently (앤써 컨피덴틀리)

점프는 높게 Make a high jump (메이크 어 하이 점프)

양보하는 마음을 가져라 Be considerate to others (비 컨시더레잍 투 아더스)

부모님 은혜 Parent`s kindness (패어런츠 카인드니스)

인성교육 Life education (라이프 에듀케이션)

가정교육 Home education (홈 에듀케이션)

부모님 말씀 잘 듣는 찾한 어린이가 되자 Children who listen carefully to their parents are good children (칠드런 후 리슨 캐어플리 투 데어 패어런츠 아 굿 칠드런)

무릎 꿇어라 Bred your knees (브레드 유어 니스)

시선은 정면을 향하여 look directly at me (룩 다이렉틀리 앹 미)

등을 바르게 Straighten your back (스트레이튼 유어 백)

눈동자에서 빛나게 Light comes from the centre of your eyes
(라이트 컴스 프럼 더 센트리 오브 유어 아이스)

차안에서 장난하지 마라 Don`t fool around in the bus
(돈트 풀 어라운드 인 더 버스)

화장실은 깨끗하게 사용하자 Leave the toilet in a clean way
(리브 더 토일렛 이넝 클린 어웨이)

거울을 조심하라 Be careful of the mirror (비 캐어플 오브 더 미러)

문을 잘 닫아라 Colse the door properly (클로wm 더 도어 프로펄리)

참을 줄 아는 사람이 되자 People who can endues become
(피플 후 캔 엔듀스 비컴)

신발은 신발장에 가지런히 Put your shoes in the shoe lockers
(풑 유어 슈즈 인더 슈 로커스)

밥을 맛있게 먹자 Eat well (잍 웰)

합숙 훈련에 전원 참가하라 Participate in all aspects of our training
(파티시페이트 인 올 어스팩츠 오브 아워 츄레이닝)

결석을 하지 말라 Try to avoid absences (트라이 투 어브이드 엡센시스)

결석할 경우 미리 전화하기 If you will be absent let us know beforehand
(이프 유 웰 비 앱센트 렡 어스 노우 비포핸드)

Put your hands up. (손을들어라)

Sit down /Stand up. (앉고,일어나)

Sit light. (똑바로 앉으세요)

Come to the front. (앞으로나오세요)

Attention, please (주목, 집중하세요)

Close your eyes (눈을감으세요)

Everyone Line up (모두들 모여주세요!)

Turn to the right (오른쪽으로 돌아!)

Turn to the left (왼쪽으로 돌아!)

Everyone go forward (모두 앞으로 갑시다!)

Lie facedown (앞으로 엎드려)

Lie on your back(뒤로 누워)

Change your posture (자세를 바꾸세요)

Sit right (똑바로 앉아라)

Sit in a comfortable position (편한 자세로 앉으세요)

Correct your posture (자세를 바로 잡으세요)

You have good posture (자세가 아주 좋습니다)

Everybody run (모두들 달리세요)

Step in time (발을 맞추세요)

Bend over, He will jump over you (몸을 굽혀라 그가 뛰어 넘으니까)

Run at full speed (전속력으로 달리세요)

Come this way (이쪽으로 오세요)

You have to exercise more than three times a week (일주일에 적어도 세 번이상 은 운동을 해야합니다)

Skip-rope everyday (매일 줄넘기 하세요)

Just enough exercise is good for your health (적당한 운동은 건강에 매우 좋습니다)

What is your favorite sport? (어떤 운동을 가장 좋아하세요?)

Your favorite sport is T.K.D? (가장 좋아하는 운동이 태권도인가요?)

You need exercise (운동좀 하셔야겠어요)

You have to develop your physical strength (체력을 더 길러야 겠네요)

Practice makes perpect! do your best (연습이 최고에여 ! 최선을 다 하세요!)

Are you sick? (지금 아파요?)

Take care of yourself (건강에 주의하세요)

Mind what you eat and drink in the summer (여름에는 음식을 조심해야 합니다)

Did you have a good meal? (식사는 맛있게 먹었나요?)

You need some rest (좀 쉬도록 하세요)

I have got something to say to you guys (여러분에게 할 말이 있어요)

Take your hands out of your pockets (주머니에서 손을 빼세요)

You must always be polite (항상 공손한 태도를 가져야합니다)

Trust me (날 믿어요)

When you cross a street , look out for cars (길을 횡단할 때 차 주의하세요)

Do not play the fool (바보짓 하지말아요)

Time is money (시간은 돈입니다)

Make sure this never happens again (다시는 이런일이 일어나지 않도록 해야 합니다)

Sit on your knees (무릎을 꿇고 앉아요)

Take your sit in front (앞쪽에 앉아 주세요)

Keep your seat please (그대로 앉아 있으세요)

I will give you time to think it over (당신에게 생각할 시간을 주겠어요)

You are always late for our lesson (항상 약속시간이 늦네요)

What is the matter? What's wrong with you? (무슨일이야? 너 뭐 문제있니?)

We have perpect attendance (전원 출석하였네요)

Why you did not come yesterday? (왜 어제 오지않았나요?)

Why are you late? (왜 늦었어요?)

Come to lesson on time (정시에 수업에 참가하세여)

Could you help me up? (나 좀 일으켜 줄수 있나여?)

You have a strong character (당신은 강한 성격을 가지고 있네요)

Go straight without stopping (아무 데도 들르지 말고 곧장 가세요)

Do you think you did your best? (최선을 다했다고 생각합니까?)

Be good to your parents (부모님께 효도하도록 하세요)

The weather is good today (오늘 날씨가 무척 좋네요)

The weather was bad yesterday (어제 날씨는 나빴어요)

How is the weather? (오늘 날씨가 어떤가요?)

Show your hidden talent (당신의 숨은실력을 보여주세요)

It is your turn (당신 차례입니다)

Time the T.K.D test for 90 minutes (태권도 심사는 90분간입니다)

Where are you going? (어디 갑니까?)

It is time to go home (이제 집에갈 시간입니다)

Who(What) are you looking for? (누구(무엇)를 찾고있나요?)

Be quiet (조용히 하세요)

스트레칭(StretChing)

When I say bow, You say hello sir. (내가 "인사"라고 말하면
Every body Under Stand 안녕 하세요" 라고 말해라)

– Let's start StretChing –

When I count one to eight (내가 1~8세면 너는 2~8을 세어라)
You count two to eight

1) Two hand's on your knees up and down (두 손을 무릎 위에 올리고 앉았다 일어났다)
2) Turn your knees (무릎 돌려주기)
3) Short stretching (짧게 스트레칭)
4) Long stretching (길게 스트레칭)
5) Turn your waist (허리 돌려주기)
6) Turn your shoulder (어깨 돌려주기)
7) Turn your neck (목 돌려주기)
8) Turn your wrist and ankle (손목, 발목 돌려주기)
9) Sit down (앉아라)
10) Stretch your leg (다리를 뻗어라)
11) Shake your knee (무릎 흔들어 주기)
12) Bend your body to forward (몸을 앞으로 굽혀라)

13) Put your left leg on your right leg

(왼쪽다리를 오른쪽 다리위에 올려라)

14) Turn your ankle (발목 돌려주기)

15) Shake your knee (무릎 흔들어 주기)

16) Bend your body to forward (몸을 앞으로 굽혀라)

17) Change your leg (다리 바꾸기)

18) Turn your ankle (발목 돌려주기)

19) Shake your knee (무릎 흔들어 주기)

20) Bend your body to forward (몸을 앞으로 굽혀라)

21) Butterfly/Join your sole together (나비모양 or 발바닥을 붙여라)

22) Shake your knee (무릎 흔들어 주기)

23) Bend your body to forward (몸을 앞으로 굽혀라)

24) Make one line your leg/do the splits (너의 다리를1자로 만들어라)

To the left (1~8)

To the right (2~8)

25) Grip your ankle Bend your body to forward

(발목을 잡고 몸을 앞으로 굽혀라)

26) Hand up palm, forehead, chest, touch on the floor

(손바닥, 머리, 가슴 바닥에 대고 앞으로 뻗어라)

Fifteen Motions. (15가지 동작)

This time you will learn about Fifteen motion

(이번엔 15가지 모션에 대해서 배울 것이다.)

초1. I will show you Fifteen motions you most copy me one bay one. ok?

(내가 15가지 동작을 보여주면 하나씩 똑같이 따라 해라.)

초2. When I say fifteen motion, you say Fifteen motion sir. ok?

(처음 하는 초보자들은 15가지 동작을 다 나가지 말고 5동작만 가르친다.)

Basic Punch (기본 펀치)

This time you will learn about basic punch

(이번엔 기본 지르기에 대해서 배울 것이다)

초1. I will show you basic punch (내가 기본 지르기를 보여줄게)

There are three steps of Punch skill (3가지의 펀지 기술이 있다)

초2. 차렷 is Attention 준비 is Ready 주춤서기 is Horse stance

만약 아이들이 지르는 방향을 오른쪽으로 해서 틀렸을 시에는 이렇게 말 한다.

'Always start from left hand .'

(항상 시작은 왼쪽부터 시작 한다)

1) Single punch (한번지르기 is Single punch)

* When I count one, say single punch and shout!

2) Double punch (두 번 지르기 is Double punch)

* When I count one, say Double punch

3) Triple punch (세 번 지르기 is Triple punch)

* When I count one, say Triple punch

Basic Stance. (기본서기)

This time you will learn about basic stance

(이번엔 기본서기에 대해서 배울 것이다)

초1. I will show you basic stance. (내가 기본자세를 보여줄게)

이미 1,2,3번은 알고 있으니까 한 가지만 더 가르쳐줘도 된다.

한국말 할 때는 움직이지 말게 하고 영어할 때 움직일 수 있도록 한다.

you can not move when i speak korean but you can move when I speak english four ,six ,eight motions Basic stance first korean second english ready go

* 모아서기	Attention stance
* 준비서기	Ready stance
* 주춤서기	Horse stance
* 앞서기	Walking stance
* 앞굽이	Forward stance
* 뒷굽이	Back stance
* 범 서기	Tiger stance
* 꼬아서기	Cross stance

Basic Block. (기본 막기)

This time you will learn about basic block

(이번엔 기본 막기에 대해서 배울 것이다)

초1. 막기도 마찬가지로 먼저 보여준다고 말을 한다. 보여주고 나선 차렷, 준비, 주춤서기를 시키면서 한 가지씩 가르쳐준다. 처음은 한국말 두 번째는 영어로 따라하게 한다. 만약 한국말을 너무 서툴러서 못하게 된다면 몇 일간은 영어로만 수업을 한다.

When I count one say 아래막기 , count two say 다운블록 이런 식으로 하면 된다. 끝까지 다 알 경우에는 나눠서 하지 말라고 말한다. 예를 들어서 웬 아이 카운트 원 세이 아래막기, 다운블록 이런 식으로 한다.

중1. 마찬가지 아이들이 막기를 전부다 숙지했을 경우는 기본 서기와 같은 방법으로 진행하면 된다.

one, five, seven..... Motions basic block first second english ready go

*아래 막기 Down block

*몸 통 막기 Middle block

*얼굴 막기 Face block

*바깥 막기 Outer block

*손날 막기 Hans knife block

*양 손날 막기 Double hand's knife block

발 차 기

*앞차기 (Front kick)

This time you will learn about front kick (이번엔 앞차기에 대해서 배울 것이다)

초1. Use your instep for the front kick skill(앞차기는 발등으로 차는 기술이다)

손으로 발등을 가리키면서 위에 영어를 말해준다. 그런 다음 앞차기 차는걸 보여준다고 말 한다

다 보여주고 나면 내가 하나라고 말하면 넌 Front kick shout 동시에 발차기를 하면 된다고 말해라

1) Knee up to your waist (무릎을 허리까지 올려라)

2) Stretch or unbend your leg (다리를 펴라)

3) bend your leg or return your second position (다리를 접어라 or 두 번째 자세로 돌아가라)

4) Go back to first position (처음 자세로 돌아가라)

1) Knee up to your waist (무릎을 허리까지 올려라)

2) Tun your left foot until hundred eighty degrees and then make one line should, hip, knee (왼쪽 발을 180° 돌리고 어깨, 골반, 무릎을 1자로 만들어라.)

3) Go back to first position (처음 자세로 돌아가라)

* 내려찍기 (Axe kick or Chop kick)

Use your sole for the Axe kick skill (내려찍기는 발바닥으로 차는 기술이다)

1) Just kick like me (나처럼 차라)

* 옆차기 (Side kick)

초1. Use your knife foot for the side kick skill(옆차기는 발 날로 차는 기술이다)

손으로 발날을 가리키면서 위에 영어를 말해준다. 그런 다음 옆차기 차는걸 보여준다고 말 한다.

다 보여주고 나면 내가 하나라고 말하면 넌 Side kick shout와 동시에 발차기를 하면 된다고 말해라

1) Make one line your back sole and bottom (엉덩이와 뒤꿈치를 1자로 만들어라)

2) Make one line your should, hip, knee and knife foot (어깨, 골반, 무릎, 발 날을 1자로 만들어라)

3) Go back to first position (처음 자세로 돌아가라)

* 뒤 차기 (Back kick)

초1. Use your back sole for the back kick skill

(뒤차기는 발 뒷굽치로 차는 기술이다)

1) Turn your foot until one hundred eighty degrees with body

(발을 몸과 함께 180° 돌려라)

2) Knee up to wist (무릎을 허리까지 올려라)

3) stretch your leg back side (뒤로 다리를 뻗어라)

4) Go back to first position (처음 자세로 돌아가라)

* 뒤 후리기 (Back Spin)

초1. Use your sole for the front kick skill

(뒤 후리기는 발바닥으로 차는 기술이다)

손으로 발바닥을 가리키면서 위에 영어를 말해준다. 그런 다음 뒤 후리기 차는 걸 보여준다고 말 한다. 다 보여주고 나면 내가 하나라고 말하면 넌 백스핀 기합과 동시에 발차기를 하면 된다고 말해라

1) Turn your foot until one hundred eighty degrees with body

(발을 몸과 함께 180° 돌려라)

2) Just kick like fan (부채처럼 차라)

3) Go back to first position (처음 자세로 돌아가라)

줄 넘 기

Jumping step Ten times (점프10개)

Jogging step Ten times (달리기 10개)

Kick step Ten times (발차기 10개)

Kick step and Knee up Ten times (발차고 무릎 올리기 10개)

Cross step Ten times (꼬아서 10개)

Lift back sole Ten times (뒤꿈치 올리기 10개)

Three times Jumping step (앞으로 3번 돌리고 뒤로 3번 돌린다)

Then turn around three times jumping like step Cross axe step

(꼬아서 엑스로 돌리기 10개)

Cross axe jumping step Ten times (꼬아서 엑스로 점프 10개)

Cross double axe jumping step Ten times (꼬아서 두 번 점프 10개)

■■■

인사말 Greeting

◎ 인사말(Greeting) – 안녕하세요

A Student : Hi! ○○○

B Student : Student : Hi! ○○○

A Student : Student : You looks great!

B Student : Student : You looks great too!

◎ 작별인사 (Parting) – 잘가세요

A Student : Good bye ○○○

B Student : Good bye ○○○

A Student : See You tomorrow / next monday

B Student : Have a nice day / Weekend

인사 Hello, everyone. I'm glad to meet you

[여러분 안녕하세요. 만나 뵙게 되어 반갑습니다.]

소개 I'd like to introduce myself

[제 소개를 하겠습니다.]

이름 My name is ○○○

[제 이름은 ○○○ 입니다.]

나이 I am ○○ years old

[제 나이는 ○○살 입니다.]

사는곳 I live in Seoul TO bong-gu of South Korea

[저는 대한민국 서울 도봉구에 삽니다.]

학교 I go to 국제 pre(유치원), 명일 primary, school

[저는 국제유치원(초등학교)를 다니고 있습니다.]

취미 I like sports and Taekwondo

[저는 스포츠와 태권도를 좋아합니다.]

소감 II'm happy to be a preschool(primary school) student

[저는 유치원생인(초등학생인)것이 행복합니다.]

마무리 Thank you

[감사합니다.]

개인생각 및 느낌

◎ 개인생각 - 당신은 무엇을 좋아합니까?

A Student : Do you like English?

B Student : Yes, I like English.

A Student : Do You like Taekwondo?

B Student : Of course, I like Taekwondo.

◎ 개인느낌 - 당신은 행복합니까?

A Student : Are you happy?

B Student : I'm happy.

A Student : Are you sad?

B Student : No, I'm happy

◎ 문제 해결 - 어디에 물이 있나요?

A Student : Where is the water?

B Student : Turn right at the conner.

A Student : Where is the water?

B Student : Turn left at the conner.

소개 및 부탁과 요청

◎ 소개 - 당신은 누구세요?

A　Student :　Who are you?

B　Student :　My name is ○○○

A　Student :　Who is that?

B　Student :　That is my master

◎ 부탁과 요청 - 저를 도와 주세요

A　Student :　Can you help me?

B　Student :　Yes, I'll

A　Student :　Can do help me?

B　Student :　Let's do it together

사실확인 및 설명

◎ 설명 - 당신은 지금 무엇을 하고 있습니까?

A Student : What are you doing now?

B Student : My take mete

A Student : What are you doing now?

B Student : I'm Taekwondo kicking

◎ 당신은 자라서 무엇이 되고 싶습니까?

A Student : What do you want to be when you grow up?

B Student : I want to be a master

A Student : What do you want to be when you grow up?

B Student : I want to be a grand master

색깔 - 당신은 띠 색깔은 무슨 색입니까?

A Student : What color is your belt?

B Student : My color is white/yellow/green/ blue/brown/red and black

흰띠 교안작성

전체집합(Everyone Meeting or Everyone line up) (사)

인사(When I say bow you have to say hello master) (사)

스트레칭(Let's start stretching) (사)

차렷(Attention) 준비(Ready) 주춤서기(Horse stance)

위에 내용은 처음 시작할 때 사범님들이 해야할 말들입니다. 꼭 숙지하세요

지르기 : 한번지르기(Single punch), 두번지르기(Double punch), 세 번지르기 (Triple punch)

막기 : 아래막기(Down block), 몸통막기(Middle block), 얼굴막기(Face block)

세가지 막기를 다 이해하였을때 지도자분들이 처음은 영어로 말씀하시면 몇 주후엔 아이들에게 한국말로 말씀하셨을때 아이들이 몸으로 습득해 영어로 자연스럽게 표현합니다.

사(세가지 기본막기 동작을 첫 번째는 한국말로 두 번째는 영어로 시작)

(Three motion's basic block first korean second english ready go)

서기 : 모아서기(Attention stance), 준비서기(Ready stance), 주춤서기(Horse stance)

아이들이 막기동작처럼 세가지 동작을 습득하였을때 아래와 같이 말씀하시면 됩니다.

세가지 기본서기 동작 시작! (Three motion's basic stance ready go)

발차기준비(Kicking stance 말하면서 기합)

앞차기 : Front kick(프론트 킥) **돌려차기** : Round kick(라운드 킥) **내려찍기** : Axe kick(엑스킥)

겨루기스텝: 전진스텝(Slide forward) 후진스텝(Slide back)

한발앞으로(One step forward) 한발뒤로(one step back)

EX) Front Kick Middle Height

① Ready to kick in fighting stance

② Bring kicking leg knee up and bend

③ Make a kick with instep

④ Then bend kicking leg knee as soon as possible

⑤ Put your kicking leg down in front, at this time, your stance width is less than your shoulder width

노란띠 과정 exercise 교안작성 샘플

전체집합(Everyone Meeting or Everyone line up) (사)
인사(When I say bow you have to say hello master) (사)
스트레칭(Let's start stretching) (사)
차렷(Attention) 준비(Ready) 주춤서기(Horse stance)
위에 내용은 처음 시작할 때 사범님들이 해야할 말들입니다.꼭 숙지하세요

지르기 : 한번지르기(Single punch), 두번지르기(Double punch), 세 번지르기 (Triple punch)

막기 : 아래막기(Down block), 몸통막기(Middle block), 얼굴막기(Face block) 바깥막기(Outer block) 한손날막기(hand knife block)

다섯가지 막기를 다 이해하였을때 지도자분들이 처음은 영어로 말씀하시면 몇주후엔 아이들에게 한국말로 말씀하셨을때 아이들이 몸으로 습득해 영어로 자연스럽게 표현합니다.사(다섯가지 기본막기 동작을 첫 번째는 한국말로 두 번째는 영어로 시작)

(Five motion's basic block first korean second english ready go)

서기 : 모아서기(Attention stance), 준비서기(Ready stance), 주춤서기(Horse stance) 앞서기(Walking stance) 앞굽이(Forward stance)

막기동작처럼 세가지 동작을 습득하였을때 아래와 같이 말씀하시면 됩니다.

다섯가지 기본서기 동작 시작!

(Five motion's basic stance ready go)

발차기준비(Kicking stance 말하면서 기합)

앞차기 : Front kick(프론트 킥) 돌려차기:Round kick(라운드 킥)

내려찍기 : Axe kick(엑스킥)

겨루기스텝 : 전진스텝(Slide forward) 후진스텝(Slide back)

한발앞으로(One step forward) 한발뒤로(one step back)

두발앞으로(Two steps forward) 두발뒤로(Two steps back)

(사) 태권도 좋아합니까? Do you like taekwondo?

(학) 네 저는 태권도를 좋아합니다 Yes I like taekwondo

(사) 가장좋아하는 발차기가 무엇입니까? What is your Favourite Kick?

(학) 제가 좋아하는 발차기는 돌려차기입니다 My Favourite kick is Round kick

(사) 가장 좋아하는 막기가 무엇입니까? What is your favourite block?(학) 제가 가장좋아하는 막기는 한손날막기입니다 My Favourite block is hand knife block.

달 마지막주에 세가지 미션을 가지고 한번에 아이들에게 답하게 합니다.

Can you tell me about What is your Favourite kick, block and you like T.K.D?

가장 좋아하는 발치가, 막기 그리고 태권도를 좋아하는지 나에게 말해줄래 ?

영어품새 1~8장

태극 1장 exercise

1. Walking stance down block
2. Walking stance middle punch
3. Walking stance down block
4. Walking stance middle punch
5. Forward stance down block and middle
6. Walking stance middle block
7. Walking stance middle punch
8. Walking stance middle block
9. Walking stance middle punch
10. Forward stance down block and middle punch
11. Walking stance face block
12. Front kick middle punch
13. Walking stance face block
14. Front kick middle punch
15. Forward stance down block
16. Forward stance middle punch

태극 2장 exercise

1. Walking stance down block
2. Forward stance middle punch
3. Walking stance down block
4. Forward stance middle punch
5. Walking stance middle block
6. Walking stance middle block
7. Walking stance down block
8. Front kick Forward stance face punch
9. Walking stance down block
10. Front kick Forward stance face punch
11. Walking stance face block
12. Walking stance face block
13. Walking stance middle block
14. Walking stance middle block
15. Walking stance down block
16. Front kick Walking stance middle punch
17. Front kick Walking stance middle punch
18. Front kick Walking stance middle punch

태극 3장 exercise

1. Walking stance down block
2. Front kick forward stance double punch
3. Walking stance down block
4. Front kick forward stance double punch
5. Walking stance hand knife neck strike
6. Walking stance hand knife neck strike
7. Back stance hand knife block
8. Forward stance middle punch
9. Back stance hand knife block
10. Forward stance middle punch
11. Walking stance middle block
12. Walking stance middle block
13. Walking stance down block
14. Front kick forward stance double punch
15. Walking stance down block
16. Front kick forward stance double punch
17. Walking stance down block middle punch
18. Walking stance down block middle punch
19. Front kick Walking stance down block middle punch
20. Front kick Walking stance down block middle punch

태극 4장 exercise

1. Back stance double hand's block
2. Forward stance vertical spear finger
3. Back stance double hand's block
4. Forward stance vertical spear finger
5. Forward stance swallow shape hand knife neck strike
6. Front kick forward stance middle punch
7. Side kick
8. Side kick back stance double hand's knife block
9. Back stance outside wrist block
10. Front kick back stance middle block
11. Back stance outside wrist block
12. Front kick back stance middle block
13. Forward stance swallow shape hand knife neck strike
14. Front kick forward stance back fist
15. Walking stance middle block middle punch
16. Walking stance middle block middle punch
17. Forward stance middle block double punch
18. Forward stance middle block double punch

태극 5장 exercise

1. Forward stance down block
2. Left stance hammer fist
3. Forward stance down block
4. Left stance hammer fist
5. Forward stance double middle block
6. Front forward stance back fist middle block
7. Front forward stance back fist middle block
8. Forward stance back fist
9. Back stance hand knife block
10. Forward stance elbow strike
11. Back stance hand knife block
12. Forward stance elbow strike
13. Forward stance down and middle block
14. Front kick Forward stance down and middle block
15. Forward stance face block
16. Side kick forward stance elbow target strike
17. Forward stance face block
18. Side kick forward stance elbow target strike
19. Forward stance down and middle block
20. Front kick cross stance back fist

태극 6장 exercise

1. Forward stance down block
2. Front kick back stance outside wrist block
3. Forward stance down block
4. Front kick back stance outside wrist block
5. Forward stance hand knife twist outside block
6. Face round kick Forward stance
7. Forward stance face outside wrist block middle punch
8. Front kick forward stance middle punch
9. Forward stance face outside wrist block middle punch
10. Front kick forward stance middle punch
11. Ready stance double fist low wedge block
12. Forward stance hand knife twist outside block
13. Face round kick ki-hap Forward stance
14. Forward stance down block
15. Front kick back stance outside wrist block
16. Forward stance down block
17. Front kick back stance outside wrist block
18. Back stance double hand's knife block
19. Back stance double hand's knife block
20. Forward stance palm fist middle block middle punch
21. Forward stance palm fist middle block middle punch

태극 7장 exercise

1. Tiger stance palm fist middle block
2. Front kick tiger stance middle block
3. Tiger stance palm fist middle block
4. Front kick tiger stance middle block
5. Back stance double hand's down block
6. Back stance double hand's down block
7. Tiger stance Support palm fist middle block back fist
8. Tiger stance Support palm fist middle block back fist
9. Attention stance covering fist
10. Forward stance double scissors block
11. Forward stance double scissors block
12. Forward stance double fist middle wedge block
13. Knee strike cross stance double fist middle upper punch forward stance double fist cross block
14. Forward stance double fist middle wedge block
15. Knee strike cross stance double fist middle upper punch forward stance double fist cross block
16. Walking stance outside back fist
17. in to out kick horse stance target strike
18. Walking stance outside back fist
19. in to out kick horse stance target strike
20. hand knife side block 21.Horse stance side punch

태극 8장 exercise

1. Back stance double fist middle block
2. Forward stance middle punch
3. Jump kick Ki-hap forward stance middle block double punch
4. Forward stance middle punch
5. Forward stance single mountain block
6. Forward stance chin strike
7. Forward stance single mountain block
8. Forward stance chin strike
9. Back stance double hand's knife block
10. Forward stance middle punch
11. Front kick two step's back tiger stance palm fist middle block
12. Tiger stance double hand's knife block
13. Front kick forward stance middle punch tiger stance palm fist middle block
14. Tiger stance double hand's knife block
15. Front kick forward stance middle punch tiger stance palm fist middle block
16. Back stance double fist down block
17. Front kick and jump kick(Ki-hap) forward stance middle block double punch
18. Back stance hand knife block
19. Forward stance elbow strike, back fist, middle punch
20. Back stance hand knife block
21. Forward stance elbow strike, back fist, middle punch

이것만 외워라 !

-. All~ is.... "~하는 모든 것은... 이다"

All we can do now is just sit and wait.

지금 우리가 할 수 있는 일은 그저 앉아서 기다리는 것뿐이다

-. Take... "...을 잡다

Take care. 조심 해. 잘 가

Take your time. 천천히 하세요.

-. See you... "...에 만나지요"

See you next week. 다음주에 만나요

See you tomorrow. 내일 만나요

-. This sounds.... "....처럼 생각되다"

This sounds good. 좋을 것 같다

This sounds exciting. 재미있을 것 같다

-. Do you mind...? "...해도 상관없어요?

Don't you mind? 상관없어요?

Don't you care? 상관 하지 않아요?

-. Are you sure...? "...확실해요?

Are you sure? 확신 해?

Are you certain? 확신 합니까?

-. Tell.... "..알려 주세요

Tell her I'll call her when I get home. 집에 도착하면 전화 한다고 그녀에게 전해줘요

Tell him I said hello. 내가 안부 전한다고 전해줘요

-. Thanks for... "...감사 합니다"

Thanks for all the help. 도와주어서 고맙습니다.

-. Why don't you...? "....하지 않겠어요?

Why don't you sit down? 앉지 그래요

Why don't you take a break? 좀 쉬는 것이 어때요?

-. How long...? "얼마나 ... 오래 이지요?

How long does it take by bus? 버스로 얼마나 걸리지요?

How long does it take on foot? 걸어서 얼마나 걸리지요?

-. How come...? "도대체..왜?"

How come you can't go? 왜 갈수 없니?

How come you never write? 왜 너는 한번도 편지를 쓰지 않니?

-. How's....? "....어떠세요?

How's your father doing? 아버님은 어떻게 지내시냐?

How's Mary doing? 메리는 어떻게 지냅니까?

-. How about..? "...은 어떻습니까?"

How about another piece of cake? 케이크 하나 더 드시겠어요?

How about lunch? 점심이나 할까요?

-. What do you ....? "무엇을 ... 하세요?

What do you want to know? 무엇을 알고 싶니?

What do you plan to do? 무엇을 할 계획입니까?

-. It looks like... "...인 것처럼 보인다."

It looks like it's going to pop. 그것은 지금이라도 과연 될 것 같다

It looks like the house is falling apart. 그 집은 지금이라도 무너질 것 같다

It looks like spring is arriving earlier this year. 올해는 봄이 빨리 올 것 같다

-. It takes ... "...이 소요 됩니다"

It takes a lot of courage. 거기에는 대단한 용기가 필요하다

It takes guts and determination. 거기에는 배짱과 용기가 필요하다

-. Let... "함께...합시다."

Let's take a cab. 택시를 타자

Let's eat out tonight. 오늘밤은 외식하자

Let's set a date. 날짜를 정하자

-. It's (It is)... "이것은 ...입니다"

It's a difficult question. 그것은 어려운 질문이군요.

It's an emergency. 긴급사태입니다

It's a joke. 농담이오.

-. I'd like (I would like).... "나는 ..을 하겠다."

I'd like another drink. 한잔 더 주십시오.

I'd like a slice of pizza, please. 피자 한 조각을 주세요.

-. Would you... "...을 해 주시겠습니까"

Would you type this letter, please? 이 편지를 부쳐 주시겠습니까?

Would you please pass me the salt? 소금 좀 집어 주실래요?

-. You should... "...을 하는 것이 좋겠다."

You should give her a call. 너는 그녀에게 전화를 하는 것이 좋겠다.

You should give her a chance 너는 그녀에게 기회를 주는 게 좋겠다.

-. Could you...? "...을 해 주시겠어요?

Could you help me out? 저를 좀 도와줄래요?

Could you get me another beer? 나한테 맥주 한잔 더 줄래요?

-. Is there....? 어디에 무엇이

Is there a drugstore nearby? 부근에 약국이 있습니까?

Is there a bus stop around here? 이 근처에 버스 정류장이 있습니까?

-. There's (There is).... "사물이나 사람이 어디에 있다"

There's some cake on the table. 테이블위에 케이크가 있다

There's none left. 아무것도 남아있지 않다

-. That's (That is)... "저것은...입니다"

That's true. 그건 그래

That's it. 맞아

That's wrong. 그것은 잘못된 거야

-. Is this....? "이것이 ...입니까?"

Is this what you were looking for? 이것이 당신이 찾고 있던 것이 아닌가요?

Is this what you wanted? 당신이 원했던 것이 아닌가요?

-. This is..... "이것은 ...입니다"

This is for the picnic. 이것은 피크닉을 위한 겁니다.

This is for tonight's dinner. 이것은 오늘 밤의 저녁용이다.

-. Have... "...을 가지세요."

Have fun. 재미있게 보내세요.

Have a nice weekend. 좋은 주말 보내세요.

-. I have to... "...을 해야만 한다.

I have to make a choice. 나는 선택을 해야 한다

I have to make the deadline. 마감시간에 맞추어야한다

-. Have you...? "...해본 경험이 있어요?"

Have you ever been to Disneyland? 당신은 디즈니랜드에 가본 적이 있어요?

Have you been to Paris? 파리에 가본 적이 있어요.

Have you ever seen Picasso's Three Dancers?

피카소의 세 명의 무희라는 그림을 본적이 있습니까?

-. I have... "....을 갖고 있다"

I have two sisters. 나에게 자매가 둘이 있다

I have two sisters, both older. 나에게는 언니가 두 명 있습니다.

-. I feel... "..을 느낀다."

I feel sick to my stomach. 배속이 매슥매슥하다

I feel a little dizzy. 약간 현기증이 난다

-. Do you know...? "...을 알고 있습니까?"

Do you know that woman? 저 여자를 압니까?

Do you know the story? 그 이야기를 알고 있습니까?

Do you know the way? 그 길을 알고 있습니까?

-. I know... "...을 알고 있다"

I know what you want. 네가 원하는 것을 알고 있다

I know how you feel. 네 기분을 안다

I know what you're thinking. 네가 뭘 생각하고 있는지 안다

-. Do you think....? "...생각합니까?"

Do you think this looks good on me? 이것이 나한테 어울린다고 생각해요?

Do you think this goes with my dress? 이것이 내 옷에 맞는다고 생각해요?

Do you think this color suits me? 이 색깔이 나에게 어울린다고 생각해요?

-. I think.... "나는 ... 생각한다."

I don't think so. 그렇게 생각지 않는다.

I think not. 그렇게 생각지 않는다.

Don't you think so? 그렇게 생각하지 않나요?

-. Now that.... "자, 이제는 "

Now that everyone's here, why don't we start?

자 이제는 모두 모이신 것 같으니 시작할까요?

Now that Tom has graduated, he'll be working for a trading company

이제는 탐도 학교를 졸업했으니 상사에서 일을 할 것이다

-. too ~ to ..... "너무 ~하기 때문에 .... 할 수 없다"

She' too young to be seeing that kind of movie.

그녀는 너무 어려서 그런 영화를 볼 수 없다

He's too sick to make it to the conference.

그는 너무 아파서 회의에 참석치 못했다

-. So~that.... "너무~해서..하다"

He was so angry that he threw the book at her.

그는 너무 화가 나서 그 책을 그녀에게 던졌다

Dad was so excited that he forgot to call Mom and tell the good news.

아버지는 너무 흥분한 나머지 엄마에게 전화해서 그 기쁜 소식을 전하는 것을 잊으셨다

-. Even if... "비록.. 할지라도"

Even if it rains, we're still going. 설령 비가와도 그래도 우리는 간다.

Even if we rush, we're still going to miss the beginning.

설령 서두르더라도 우리들은 시작 부분을 놓치고 말 것이다

-. While... "...하는 동안에"

While you were out, Bill stopped by. 당신이 외출 했을 때 빌이 들렀었다

While I was working on the computer, there was a power failure.

내가 컴퓨터로 일을 하고 있는 동안에 정전이 있었다.

-. When.... "...했을 때"

When I was a child, things were different. 내가 어렸을 때는 사정이 달랐다.

When I was in Spain, the weather was great. 내가 스페인에 있었을 때 일기는 좋았다

-. Whenever... "할 때는 언제라도"

Whenever you come is OK with me. 당신이 언제 오든지 나는 좋습니다.

Whenever he wants to meet is all right with me.

그가 만나고 싶을 때가 언제든지 나는 좋습니다.

Whenever you did it would be fine with me. 당신이 언제 했던지 나는 좋습니다.

-. Which~better.... "어느 것을 ~더" 둘 중에 하나

Which do you like better, the red or the blue one?

빨간 것과 파란 것 중에 어느 쪽을 좋아합니까?

비행기 예약 확인 (Confirm)

Northwest. May I help you?
(노스웨스트 항공사입니다. 무엇을 도와드릴까요?)
I want to confirm my return flight to Korea.
(한국으로 돌아가는 비행기편의 예약을 확인하고 싶은데요.)
What is flight no?
(비행기 번호가 어떻게 됩니까?)
NW023 on the eighth of July.
(7월 8일자 NW023입니다.)
What's your name?
(이름이 무엇입니까?)
My name is Park - P.A.R.K.
(Park - P.A.R.K 입니다.)
What is your first name?
(First name이 무엇입니까?)
First name is Hongkyun.
(홍균입니다.)
O.K. you are confirmed.
(예약 확인되었습니다.)
Thank you.
(감사합니다.)

상담원 : 언제 예약을 원하시는데요?

When do you want?

나: 몇월몇일 몇시비행기가 좋겠어요.

I would like 몇일몇일 flight.

상담원 : 그게 없는데요?
It's out of order.
It's sold out. 등등.

나 : 다른 시간대는 언제인가요?

Is there anythingelse available?

상담원 : 언제 언제 입니다.

언제언제.
나 : 언제로 해주세요.
Give me 언제언제.

Airline reservation

A: How may I help you,sir? -무엇을 도와드릴까요,선생님?

B: I'd like to reserve a flight to Los Angeles for next friday.

-다음주 금요일 L.A로 가는 비행기를 예약하고 싶습니다.

A: Next Friday to Los Angeles.... There's a flight at 10 a.m. Would that be fine

-다음주 금요일 L.A행이라.... 오전 10시 비행기가 있습니다만 괜찮으십니까?

B: Is that the only time you have? - 그 시간 비행기 밖에 없나요?

A: We originally have a 9 a.m. flight but all the seats are booked. (예약이 완료되다,숙어처럼 사용)

-원래 9시 비행기가 있지만 모두 예약이 완료되었습니다

B: All bookerd? -모두 예약이 되었다고요? (book : ⓝ책,도서 // ⓥ(이름을) 기입하다, 예약하다)

A: That's right, sir. -예,선생님

B: Okay. Then,book me for the 10 a.m. flight. -알겠습니다,그러면 10시 비행기에 예약하겠습니다.

A: What kind of seats would you like? -어떤 종류의 좌석으로 예약하시길 원하십니까?

B: Economy class,please. -Economy class로 부탁드립니다.

비행기 좌석및 가격순 (Economy class < Business < First class)

Airline Reservation (2)

S: Hello, how may I assist you, sir? -안녕하세요. 무엇을 도와드릴까요,손님?

P: Hi, I want to reserve a flight to Las Vagas. -안녕하세요라스베가스행 비행기를 예약하고싶습니다.

S: When will you be travelling? -언제 여행하시길 원하십니까?

P: I'd like to fly tomorrow. -내일 가길를 원합니다.

S: I'm afraid we don't have any flights for tomorrow to Las Vegas.

I think의 부정시 사용됨

-Las Vegasg로 가는 내일 비행기는 가지고 있지 않습니다.

How about the day after tomorrow? -그다음날(모레)은 어떠신지요?

P: OK. I can put off my schedule a little bit. I'll take the flight.

숙어: 연기하다,미루다

-예, 나의 일정을 약간 연기하죠, 그럼 그 비행기로 예약해주세요.

s: Will you be travelling first class or economy class?

-여행하실 좌석은 first class 또는 economy class로 하시겠습니까?

P: I'd like economy, please. -economy로 부탁합니다.

= want 의 정중한 말

S: Okay, sir. Your flight number is KE 702 to Lsa Vegas, schedled to leave at 11 a.m. the day after tomorrow. [K.E :대한항공 , O.Z : 아시아-예 알겠습니다. 손님의 비행기 번호는 모레 오전11시에 떠나기로 예정된 라스베가스행 KE 702입니다.

Please arrive at the airport two hours before your departure.

-손님이 출발하기 2시간전에 공항에 도착해주세요.

P: Thank you. -감사합니다..

abc항공입니다, 무엇을 도와드릴까요?
서울행 항공편을 예약하고 싶습니다/
언제 떠나 십니까?
9월 11일입니다.
왕복티켓인가요 편도티켓인가요?
편도 티켓입니다. 또는 왕복티켓입니다.

ABC Airlines, How Can I help you?
abc항공입니다, 무엇을 도와드릴까요?

I'd like to confirm my reservation
예약을 확인하고 싶습니다.

May I have your name and flight number?
성함과 비행기 번호를 말씀해주시겠어요?

My name is hong gil-dong, and my flight number is KE123
제 이름은 홍길동입니다. 비행기는 대한항공 123편 입니다.

When would like to leave?
언제 떠나십니까

on 몇월 몇일
몇월 몇일 입니다.

그때에는 맨 앞자리를 앉으시려면 체크인 하실 때 bulk seat, please 하시면 됩니다.

■ 비행기 탑승수속 (Check-in)

Hi. Are you going to Dallas?
(안녕하세요. 달라스로 가나요?)
Yes.
(예.)
How many baggages do you have?
(짐이 몇 개 입니까?)
One.
(하나입니다.)
Did you pack this baggage by yourself?
(이짐을 당신이 직접 쌌습니까?)
Yes, I did.
(예, 그렇습니다.)
Are you carrying anything for another person?
(다른 사람이 전해달라고 부탁한 물건이 있습니까?)
Nothing.
(없습니다.)
Has the bag been out of your possession since you packed in?
(짐을 싼 이후 당신의 손을 떠난 적이 있습니까?)
No.
(아니오.)

May I see your photo ID?
(사진이 있는 신분증을 보여주시겠습니까?)
Here it is.
(여기 있습니다.)
This is your boarding pass, and gateway number is twelve.
(탑승권이 여기 있습니다. 그리고 출구 번호는 12번 입니다.)
Please tell me the way to gateway number twelve.
(12번 출구로 가는 길을 일러주시겠습니까?)
Go straight and turn left.
(저리로 똑바로 가서 왼쪽으로 돌아가세요.)
Thank you.
(감사합니다.)

■ 비행기 안에서

What would you like to drink, coffee or tea?
(음료수는 뭐로 하시겠습니까?)
Coffee, please.
(Coffee로 주세요.)
Sugar and cream?
(설탕과 크림은 넣을까요?)
Yes, please. Thank you.
(네, 넣어주세요.)
What would you like to drink?
(뭘 마시겠습니까?)
Orange juices, please.
(오렌지 쥬스로 주세요.)
Can I get something to drink?
(음료수를 좀 주시겠습니까?)
I'd like to have glass of water, please.
(물 한 컵 주시겠어요?)
Would you like a steak or fried chicken for dinner?
(식사는 스테이크와 프라이드 치킨 중에서 뭐로 하시겠습니까?)
Steak, please.
(스테이크로 주세요.)
I'd like pork for dinner.
(식사로 돼지고기를 주세요)

◆ 잡지나 담요 등의 서비스를 부탁할 때

Excuse me.

(잠깐만요.)

Yes. May I help you?

(네, 뭘 도와드릴까요?)

May I have a magazine or something to read?

(잡지나 읽을 거리를 좀 주시겠어요?)

Could you get me a blanket, please?

(담요를 좀 주시겠습니까?)

May I have a blanket?

(담요를 주시겠습니까?)

May I have a pillow?

(베개를 주시겠습니까?)

◆ 좌석을 바꾸고 싶을 때

Excuse me. Do you mind if I change seats?

(죄송합니다. 자리를 좀 바꿀 수 있을까요?)

■ 비행기 예약과 예약 변경

Northwest airline. May I help you?

(노스웨스트 항공사입니다. 말씀하세요?)

I'd like to make a reservation from New Work to Los Angeles.

(뉴욕에서 LA로 가는 표를 예약하고 싶습니다.)

How much is the fare from New York to Los Angeles?

(뉴욕에서 LA까지 얼마입니까?)

Do you have any flights to Miami?

(마이애미까지 가는 비행기편이 있습니까?)

What time does Flight 778 arrive in LA?
(비행기가 LA에 몇 시에 도착하게 됩니까?)
Could you tell me my reservation number?
(예약번호를 알려주시겠습니까?)
Do I have to reconfirm?
(예약재확인을 해야 하나요?)
I'd like to change a reservation for flight 2003 on July 23.
(7월23일 2003편의 예약을 변경하고 싶은데요.)
What date and flight number would you prefer?
(며칠 자, 어느 비행기로 하시겠습니까?)
I'd like to fly on the 12th of July, on the same flight.
(7월12일 자, 같은 비행기편으로 해주세요.)
I'd like to cancel my reservation for the flight on September 11, and book one on September 14 instead, please.
(9월 11일로 예약된 비행기를 취소하고 9월14일 비행기로 예약하고 싶습니다.)
Please cancel my flight for Saturday the 7th of May.
(5월 7일 토요일 비행기를 취소해 주십시오.)

■ 비행기 예약 확인 (Confirm)

Northwest. May I help you?
(노스웨스트 항공사입니다. 무엇을 도와드릴까요?)
I want to confirm my return flight to Korea.
(한국으로 돌아가는 비행기편의 예약을 확인하고 싶은데요.)
What is flight no?
(비행기 번호가 어떻게 됩니까?)
NW023 on the eighth of July.
(7월 8일자 NW023입니다.)

What's your name?
(이름이 무엇입니까?)
My name is Park - P.A.R.K.
(Park - P.A.R.K 입니다.)
What is your first name?
(First name이 무엇입니까?)
First name is Hongkyun.
(홍균입니다.)
O.K. you are confirmed.
(예약 확인되었습니다.)
Thank you.
(감사합니다.)

나 : 오픈티켓을 가지고 있는데 한국으로 돌아가는 비행기 좌석을 예약하고 싶습니다.
I would like to make a reservation to Korea with my open ticket.

상담원 : 언제 예약을 원하시는데요?
When do you want?

나: 몇월몇일 몇시비행기가 좋겠어요.
I would like 몇일몇일 flight.

상담원 : 그게 없는데요?
It's out of order.
It's sold out. 등등.

◈ 유아체육 이란?

놀이 활동을 통해 유아기에 필요로 하는 사회성 및 신체적 협응성 등을 기름과 동시에 영어의 친화적 접근성을 키워주고자 한다.

※ 유아체육은 체육활동이기에 우선시 되어야 하는 것은 체육활동을 통한 유아들의 아동 성장면에 중점을 두어야한다.

◈ 유아체육이 놀이형 체육활동이어야만 하는 이유

유아체육활동을 하기 위해서는 일단 아이들을 놀려야한다.

- 4~7세에 해당하는 유아들에게는 "놀이 활동 역시 유아체육 활동이다"라는 것을 자연스럽게 알게 하자. 유연성은 아이들이기에 기본적인 부분은 지니고 있다. 따라서, 수업의 진행상 반드시 필요로 하는 스트레칭이 아니라면 생략하도록 한다. 수업의 진행을 위해 교안 작성시, 오늘 배울 영어의 기본적인 틀과 수업에 이용될 놀이와 그에 따라 필요로 하는 교구들을 기록하여 두어야 한다.

놀이 활동의 진행에서 아이들이 즐거워한다면, 영어로 100% 설명을 하든, 부분만 영어로 진행하든, 혹은 오늘 배워야할 영어단어, 문장 등을 하든 상관이 없다. 아이들이 즐거워한다.

◈ 유아체육의 형태

물론 이외에도 여러 가지가 있겠으나 간단히 비교할 수 있도록 아래 3가지로 나눠 설명하고자 한다.

1. 유아 태권도
2. 교구활동을 통한 유아체육
3. 놀이활동을 통한 유아체육

먼저 3가지의 공통점은 지도자가 끊임없이 말을 해야만 한다.

진행상 유치원 혹은 어린이집 체육활동을 한다면, 유아교사의 도움을 받을 수 있다. 하지만, 지도자가 한순간 집중하지 않으면, 유아체육 수업의 흐름이 깨어지기 쉽다. (아이들이 집중을 하지 않는다)

위의 3가지 중에서 가장 힘이 드는 부분은 기존에 유아체육에서 이용하는 놀이형 교구가 아닌 일반 대, 소도구 교구를 활용한 유아체육이다.

물론 어떠한 교구인가에 따라 다르지만, 교사가 끊임없이 말을 해야 하고, 의사표현을 해야 하는 수업이기 때문에 진행상의 어려움이 따른다.

상대적으로 쉬울 수 있고 수업의 진행과 아이들의 집중도에 있어서 가장 효과적인 활동은 놀이활동을(교구활용) 이용한 유아체육이다. 이부분에 있어서 실제 수업과 내용을 참고로 하겠다. 놀이형 유아체육이라도 간단한 교구는 반드시 사용하여야 한다.

유아태권도는 놀이형 유아체육활동과, 태권도의 단체, 사회성이 결합된 체육활동이다.

※ 놀이의 기능

① 놀이는 아동의 성장을 돕는다.

② 놀이를 통해서 아동은 운동기능, 사회적 기능, 지적인 기능을 동시에 습득할 수 있다.

③ 놀이를 통해서 아동은 근육의 성장을 이루고, 신체적인 협응과 기술 능력을 습득한다.

④ 놀이는 아동의 사회적 사고의 성장을 돕는다.- 놀이의 계획,상상, 선택 : 논리적 사고의 성장에 필수 요인.

⑤ 가상적 놀이 활동을 통해서 아동은 복잡하고 상직적이며, 추상적인 표상이 가능하게 된다.

⑥ 놀이 속에서 아동은 과거에 가졌던 경험을 새로운 상황에 쉽게 적용시킬 수 있다.

⑦ 놀이는 아동의 감정을 자연스럽게 표출시키고, 불안을 극복하게 하며, 갈등을 해소하게 하고, 과거의 좋지 못한 경험에서의 상처를 치유하게 한다.

⑧ 놀이 그 자체가 사랑하고 일하는 것과 마찬가지로 삶의 중요한 기능이 된다.

⑨ 놀이의 가장 중요한 기능은 아동으로 하여금 학습을 흥미롭고, 즐겁게, 유익하게 오랫동안 주의를 기울일 수 있게 한다.

Ⅰ. 유아체육의 중요성

1. 출생이후 유아기는 일생 중에서 두뇌 발달이 가장 활발한 시기로서 지능 발달이 이루어지는 결정적 시기이다. 이 시기의 지능과 신체 발달 사이에는 밀접한 관련이 있는 것으로 밝혀졌으며, 특히 영양 상태는 지능 발달의 중요한 조건으로 지적 되고 있다.

2. 유아기는 습관, 태도를 형성하는 중요한 시기이다.

유아기에는 놀이가 생활의 전부라 해도 과언이 아닐 것이다. 친구들과 놀이를 통하여 협동, 분배, 정직, 자기 감정의 절제, 단체의 규칙 준수 등 사회적 태도가 형성도고, 자기 중심적 사고 방식에서 차츰 타인을 존중하는 사고방식으로 바뀌어 간다.

3. 이 시기에는 자아 개념이 형성되기 시작한다. 체형, 체격에 대한 자아개념과 사춘기에서 뚜렷하게 얻어지는 성취감, 만족감 등은 유아기의 자아개 념 형성에 중요한 역할을 하며, 청소년들의 열등 의식이 유아기의 열등한 운동 기능에서 비롯된다는 사실이 밝혀졌다. 그러므로 유치원에 다니는 4 - 7세 시기의 어린이에게 있어서 신체 활동 교육은 신체적 발달은 물론 정신적, 사회적, 지적 발달에 많은 영향을 준다. 유아의 성장 발달로 보아 신체활동 교육이 매우 중요함을 인식 할 수 있다.

4. 유아기는 운동 기능의 발달을 위한 이상적 시기이다. 그 이유는 경골화 이

전이므로 몸이 유연하며 호기심, 모험심이 강하고 감수성이 예민할 뿐만 아니라 비교적 충분한 시간적 여유를 가질 수 있어서 다양한 기능의 학습이 가능하기 때문이다.

Ⅱ. 유아체육의 필요성

유치원에서 교육을 받는 유아의 연령이 대부분 4 - 7세이고, 이 유아들은 신체적으로나 활동 기능, 사회성, 지적인 면에서 성장과정의 초기에 있다.

특히 이 시기에는 신체적 발달을 위하여 잠시도 쉬지 않고 활동을 함으로써 외적인 체격과 체력은 물론 내적으로는 소화기관과 심장을 비롯한 순환기, 신경계, 그리고 동작 기능에도 많은 영향을 미친다. 또한 동작을 통한 신체적 발달이 지적, 정신적 발달에도 영향을 끼친다고 많은 학자들은 말하고 있다.

Hurlock의 정상적인 신체발달이 행동에 미치는 영향

① 근육의 발달은 운동 능력의 변화를 가져오며 어린이가 즐기게 되는 활동, 특히 게임과 스포츠의 종류 및 수에 변화를 가져온다.

② 행동은 일반적인 신체적 조건의 영향을 받는다.

③ 신경계 및 뇌의 발달은 새로운 행동 유형을 가져온다.

④ 내분비선의 기능적 변화는 행동 유형을 가지고 온다.

자전거타기, 공놀이, 줄넘기, 기차놀이와 같이 유치원 어린이들의 비공식적인 사회 접촉의 대부분은 놀이를 중심으로 일어나며, 그의 효과에 대해 Hawkes와 Pease는 " 운동 발달이 정서적 표현, 창의성, 사회적 참여 및 적응을 위한 출구"라고 하였다.

신체적 성장 및 운동 능력의 발달은 지적 발달과 서로 밀접한 관련을 가진다. Piaget는 지적 발달에 대한 종단적 연구 결과 유아기의 지능은 심체지능이 대

표하고 있으며, 6~7세 이전의 어린이의 지적 사고는 주로 움직이는 기술과 지각 능력에 따라 결정된다는 사실을 밝혀내고 신체적 성숙 및 운동 기능과 지적 성장은 서로 긴밀한 관계에 있다고 하였다.

Oliver, Painter, Corder, Robbins, Hurlock의 운동발달의 인격 형성에 미치는 효과

① 자력에 의한 성취 경험으로 자기 신뢰감과 행복감을 갖게 한다.

② 신체적, 심리적 안정감에 의한 건전한 자아개념을 형성하게 된다.

③ 정서를 정화시킨다.

④ 같이 놀 친구 없이도 혼자서 자신을 즐길 수 있다.

⑤ 건강을 증진시킨다.

⑥ 사회화를 촉진 시킨다.

Ⅲ. 유아체육의 목표

① 유아의 신체발달과 건강을 돕기 위해 유아 자신의 신체 구조 및 역할을 알게 하고, 고른 영양섭취 및 바람직한 일상 생활습관을 갖게 한다.

② 소근육을 사용하여 기초적인 신체활동을 한다.

③ 유아들은 스스로 그들의 세계를 탐구하고 의미를 찾고 싶어하는 호기심을 지니고 있기 때문에 신체 발달의 특징은 매우 연속적이고 활동적이다.

④ 유아가 초등학교 입학 적령기에 이르기 전에 유아의 소근육 운동 기술의 범위를 더 넓혀 줌으로써 어려움 없이 과제를 해결할 수 있도록 소근육 활동을 강조해 주어야 한다.

⑤ 율동적인 신체 움직임을 키운다. - 창조력 상상력 유발

⑥ 건강 및 안전에 대한 생활 습관을 길러준다.

⑦ 기구 및 놀이도구 , 위험한 일이나 장소에 따른 안전에 대한 인식을 키운다.

⑧ 주어진 공간에서 신체를 균형있게 움직이는 능력을 키운다.- 민첩성

⑨ 감각과 신체 부분간의 협응력을 키운다. - 민첩한 적응력

Ⅳ. 유아체력 측정(요소)

① 가슴 앞으로 숙이기 (유연성)-앉은 상태에서 0.1cm단위까지 측정

② 왕복 달리기 30m 기준 (초등생 50~60m)

③ 제자리 멀리뛰기 (순발력)

④ 양팔들고 외발 서기 (평형성) - 서있는 발이 움직였을때까지의 시간.

⑤ 턱걸이 오래 매달리기 (근력, 지구력)

참고)

개인별 신체검사

영어태권도체육관

성명: 유혜빈　　측정일자1 : 2006. 4. 28　　측정일자2 2006.11.16

연령: 초등 2학년　　성 별 : 여

회 차		1 차		2 차	
구 분	비고	평 균	개 인	평 균	개 인
신체사항	키(cm)	128.7	127.4	131.2	131.4
	몸무게(kg)	28.1	25	32.6	27
체력측정	굽히기(cm)	8.75	4	10	7.5
	멀리뛰기(cm)	123.5	121	127.1	126
	40m왕복달리기(초)	12.45	12.8	13.1	13
	중심잡기(초)	8	20	6.7	12
	양팔버티기(초)	28.25	15	-	-

평가 및 운동 처방 : 유연성이 많이 향상 되었네요.
근력 운동을 많이 하세요…

측정종목	평가	운동처방
굽히기 (유연성)	중하	체전굴, 다리 벌리기, 관절 스트레칭 무지개,비행기만 들기
멀리뛰기 (순발력)	중	제자리멀리뛰기, 줄넘기, 모둠발로 뛰어넘기 발모아 앞,뒤,좌,우 뛰기
40m왕복달리기 (민첩성)	중	제자리 달리기, 엎드렸다 일어서기, 왕복달리기
중심잡기 (평형성)	중상	평균대걷기, 눈감고 외발서기, 줄따라 걷기, 뒤로걷기
양팔버티기 (근지구력)	-	매달리기, 물구나무서기(벽 짚고), 윗몸일으키기 팔굽혀 펴기

영어태권도체육관

※ 체육 놀이의 특징

놀이라 함은, 주로 아동과 관련되 행동으로서 외부의 강요나 강제성이 없이 짧은 시간일지라도 스스로 즐거움을 누리면서 그 일에 몰입하는 연속적인 행동을 말한다.

유아기에는 흥미와 함께 지속적인 관심을 주는 동시에 어린이로 하여금 생각하면서 활동할 수 있는 운동이 주어져야 할 것이다. 아울러 아이들에게 주어지는 운동은 틀에 박힌 것보다는 놀이 중심으로 계획되어야 한다.

적당한 운동은 신체의 발육을 더욱 빨리 진행시키고, 과도한 운동은 신체의 발육을 방해한다는 것이 신체 활동에 관한 생물학적 법칙이다. 따라서 즐겁게 활동하는 신체활동 놀이는 유아기의 신체 발육을 빨리 진행시키며 나아가서는 질서 있는 사회 생활을 배우고 잠재력을 개발시키는 데에도 매우 적절한 방법이다.

행동에 대한 즐거움이 모든 놀이의 필수 요소가 되므로 아동은 주어진 놀이가 즐거움을 줄 때에만 몰입하고, 싫증이 나게 되면 놀기를 중단해 버리거나 더욱 즐거울 수 있는 새로운 활동을 찾게 된다. 이것이 아동기 놀이의 특징이다.

놀이는 " 아동들이 즐겨 참여하며 여러 가지 경험을 반복하는 탐구적, 사회적 활동"이라고 정의할 수 있다.

1) 3세아의 신체 활동놀이

3세는 일종의 완성기라고 할 수 있을 정도로 새로운 성장을 가져오는 시기이다. 사회성의 발달도 뚜렷하여 친구들의 수도 늘어나고 놀이 활동도 활발해진다. 그리하여 집단 놀이를 좋아하게 된다.

2) 4세아의 신체 활동 놀이

4세는 유아기 중 가장 발달이 가장 성행하는 매력적인 시기이다. 이때 대뇌는 성인의 80%에 이르기 까지 발달하며, 대뇌의 발달은 지능의 발달과 함께 신체적 기능의 발달까지도 촉진시킨다. 그리하여 모든 운동의 기초가 되는 걸음걸이가 성인과 거의 동일한 정도까지 이르게 된다.

3) 5세아의 신체 활동 놀이

5세는 모든 유아기를 통하여 심신의 발달이 다 같이 안정되어 조화와 종합을 이루는 시기, 즉 유아기의 마무리 단계라고 할 수 있다. 이때에는 급격한 정신적 발달에 맞추어서 신체적 조건도 운동에 적합한 균형 잡힌 체형으로 바뀌어지는 것을 알수 있다.

※ 체육 놀이의 가치

① 신체적 발달에 도움을 준다.
② 다양한 경험이나 조작 활동을 해 봄으로써 사물에 대한 지각이 발달하고 상상력이 풍부해진다.
③ 숫자 놀이를 통해 추리력이 길러지고 풍부한 상상놀이를 통하여 말을 조리 있게 하게 된다.
④ 구성놀이를 통하여 창조력과 의지력이 길러진다.
⑤ 여럿이 함께 놀게 됨으로써 자아의식이 발달한다.
⑥ 공공성과 준비성 및 질서를 배운다.

※ 유아체육 지도방법

아이들의 집중도를 기준으로 내용을 잡는다.(교안작성)

놀이형 체육활동이라 하더라도, 지도자의 판단에 의해 편중된 체육활동은 지양하는 것이 좋다. - 전신운동이 되게끔 한다.

집중도를 나이 연령별로 구분하자면

6~7세 : 20 ~ 30분

4~5세 : 15 ~ 20분 이상을 넘기지 않는다고 한다.

따라서, 아이들의 흥미와 체육활동의 조합을 활용하여 유아를 대상으로 30~40분정도에 맞게 교안을 작성하여야 하며, 아이들의 집중도를 요구하기에 지도자의 아이들에 대한 집중도 역시 중요하겠다.

수업을 이끌기 위한 요소들은

: 아동 개인별 특성 파악, 수업 내용, 실시 시간, 시범, 안전요소 등이 있겠다.

※ 유아체육 활동 프로그램

1. 대도구 이용.

매트

:신체의 민첩성과 유연성, 순발력, 평형성을 기를 수 있으며, 근력과 근지구력을 향상할 수 있다.

▶ 아이들이 쉽게 배울수 있도록 앞구르기등 동작의 구분을 주어서(단계별) 알려준다.

1) 옆구르기 : 몸을 펴고 엎드린후 다리와 팔을 곧게 펴고 구름.

2) 박수치며 옆구르기

3) 장애물 옆구르기

4) 2인 옆구르기 : 둘이 몸을 펴고 안고 구른다.

5) 마주잡고 옆구르기 : 마주보면서 손목을 잡고 구른다.

6) 앞구르기

i) 앉은 자세

ii) 손은 바닥에 무릎 펴고 엉덩이를 치켜든 자세.

iii) 머리를 가슴 쪽으로 숙이면서 앞으로 쓰러지게 한다.
(지도자는 아이의 목을 보호하여준다.)

iv) iii까지의 단계가 되면 구르면서 무릎을 잡도록 하여준다.

7) 비행기 앞구르기 : 양팔을 벌리고 허리숙여 무릎을 보면서 구른다.

8) 앞 연속 구르기(2회이상)

9) 2인 앞구르기 : 한손을 마주잡고, 다른손은 매트에 대고 구른다.

10) 앞 구르기 후 다리 벌려뛰기

11) 앞 구르기 후 팽이 돌기 : 앞구르기 후 일어서서 점프하여 옆으로 회전한 후 바로선다..

12) 앞구르기 후 팽이돌고, 다리벌려뛰기.

13) 다리벌려 앞구르기,

14) 경사진 곳에서 앞구르기,

15) 뒤구르기 (앞구르기 와 동일 자세 등)뜀틀

: 자신감과 성취감을 갖게 할 수 있으며, 대근육발달에 도움.

1) 템버린치기 : 달려와서 모듬발로 뛰어올라 탬버린을 친다.

2) 박수치기 : 달려와서 모듬발로 뛴후 손뼉치기.

3) 멀리뛰기 : 달려와 모듬발로 뛰어올라 멀리뛰기.

4) 회전하기 : 달려와서 모듬발로 뛰어올라 옆으로 360도 돌려 내림

5) 후프뛰기 : 달려와서 모듬발로 뛰어 후프 속에 들어간다.

6) 다리벌려뛰기

7) 제자리에서 모듬발로 뛰어 앞구르기.

8) 비켜 뛰기 : 뜀틀을 옆으로 짚고 뛰어 넘는다.(피기백)

9) 말타기

10) 벌려 뛰기 : 다리벌려 뛰어 넘는다.

11) 앞구르기

12) 제자리 앞돌기

13) 달려와서 앞돌기

평균대

: 신체의 평형성과 근력, 심폐지구력, 민첩성을 기를 수 있고, 신체의 힘과 높이, 거리를 조절할 수 있는 능력을 향상시킨다.

1) 옆으로 걷기 i) 왼발 , 오른발 천천히 이동

ii) 엇갈려서 걷는다(앞으로 엇갈려서)

iii) 뒤로 엇갈려서 걷는다.

2) 앞으로 걷기(무릎펴고)

3) 경사 평균대 걷기 i) 높은곳에서,

ii) 낮은곳에서 반대쪽으로

iii)높은곳에서 낮은곳에서 연결하여 높은곳으로 걷기

4) 높은 평균대 걷기 : 의자이용

5) 엎드려 기어가기

6) 매달려 가기

7) 뒤로 걷기

8) 사슴뛰기 : 앞으로 걷다가 제자리에서 뛰어 다리 바꾼후 앞으로 걷기

9) 한발 비행기 : 앞으로 걷다가 한발 비행기를 한다.

10) 손짚고 좌우뛰기 : 평균대를 손으로 짚고 좌우로 뛰며, 전진

11) 쪼그려 걷기

12) 옆으로 기어가기: 두발을 평균대위에 높고 손은 바닥에 옆으로 걷기.

13) 양손짚고 걷기 (평균대 2개이용)

14) 오르내리기

15) 평균대 팔굽혀펴기

철봉

: 근력과 손목 악력을 강화시킬수 있으며, 근지구력을 향상시킴.

1) 오래 매달리기

2) 턱 대고 매달리기

3) 턱걸이

4) 앞뒤 흔들기

5) 흔들어 내리기

6) 다리 올려 떨어지기 : L 자형태로 만들어서 낮은 철봉에서 매트위로

7) 다리올려 내리기 :다리를 철봉에 대인다음 내려오기

8) 철봉에 배대기 :모듬발 뛰어서 철봉에 배 대고 내리기.

9) 타잔 놀이 i) 손을 움직여 모았다가 넓혔다가 옆으로 이동

ii) 손을 엇갈려 옆으로 이동

iii) 몸을 앞뒤로 돌리면서 이동.

10) 크게 돌리기 i) 벽을 이용해 발을 짚고 오르기, 내리기

ii) 벽을 이용해 발을 짚고 크게 뒤로 돌아 내림

11) 산 오르기 : 평균대를 철봉에 걸어서 오르기 내리기 한다.

유니바

: 신체의 근력, 순발력, 민첩성, 지구력을 키울수 있으며, 근육과 간절을 유연하게 하고 튼튼하게 길들임.

1) 높이 뛰기 : 연령에 따라 유니바를 쌓아서 뛰기

2) 멀리 뛰기 : 유니바 사이의 간격 조정.

3) 달려와서 높이뛰기 : 도약

4) 달려와서 멀리뛰기

5) 좌우 걷기 : 유니바를 한 줄로 늘어 놓고, 좌우로 이동해 걷는다.

6) 좌우 뛰기 : 모듬발로.

7) 두줄 걷기 : 기찻길 모양으로 밟고 건넌다.

8) 한줄 걷기

9) 사이 뛰기 : 유니바 사이를 빠져나간다.

10) 안팎 뛰기 : 발을 모았다 벌렸다가 하며, 전진

11) 견마 뛰기 : 유니바를 한줄로, 유니바를 사이에 두고 양발을 벌려서 앞으로 뛰어전진한다.

12) 외발 뛰기

13) 옆으로 뛰기.

2. 소도구 이용. : 공, 콘, 훌라후프, 풍선, 끈, 줄넘기,

3. 유아용 교구 이용 놀이.

롤러보드(스쿠터보드), 바스켓, 어귈리티레더, 패러슈트, 써클워커, 슈퍼로켓, 림보, 에어볼, 촉감볼, 에어바운스, 트램블린, 점핑백, 호피볼, 짐볼, 풀볼, 바스켓, 패달롤러.

참고자료

유아체육의 움직임교육의 지도방법.

지도자의 기본적인 과제는 수련생이나 유아들이 학습하는 것을 도우며 방법을 연수하고 학습자들이 학습경험을 통하여 수업을 운영하는 것이다. 학습이란 "행동이나 상태의 비교적 지속적인 변화" 로 정의된다. 지도자가 아무리 잘 가르쳐도 학습자 들이 배운 것이 없다만 교육의 의미는 없다는 것이다.

이에 신체활동을 동반하는 아동 및 유아의 움직임 교육에 지도방법을 습득후 지도한다면 학습자 중심 학습에 많은 도움이 될것으로 생각된다.

움직임 교육의 유형

한가지 지도방법으로 다양한 학습 결과를 성취하기는 쉽지 않기 때문에 대부분의 지도자 들은 한가지 지도방법만을 사용하지는 않는다. 따라서 지도자들은 학습자의 인지과정 속에서 다양한 접근방법을 취해야 한다.

상호작용 지도법

이 지도법은 교육현장에서 가장 많이 사용되는 방법으로 , 학습자들에게 선택적인 반응의 기회를 제공함으로써 학습자의 반응에 따라 지도방법을 조절할수 있다.

상호작용 지도법은 지도자 중심적 수업이며 ,학습경험의 요인에 대한 책임이 지도자에게 있다. 또한 모든학습자 들이 같은 과제 안에서 연습하므로 모든 학습자들에게 적합한 하나의 과제를 선택하기가 어렵다는 단점이 있다

스테이션 지도방법

이 지도법은 두가지 이상의 과제가 동시에 진행되도록 환경을 조성한뒤 한스테이션씩 마치고 이동하는 방법이다.이 지도법은 학습용구가 학습자에 비해 충분하지 않거나 공간을 적절히 활용하는 방법으로 과제를 혼합하여 운영할 때 효과적이다.짧은 시간에 다양한 학습과 학습자들이 지루해하지 않고 동기를 유발할 수 있다는 장점은 있지만 과제 전달의 매체가 학습자에 의해 잘못 사용될 수 있고 학습자들의 반응의 질을 확인하는 것이 어려우므로 과거 지향적 과제에는 적절치 않다.

동료 지도법

동료 지도법은 학습지도 책임을 학습자들에게 이양하는 수업으로 ,기능이 우수하거나 운동경험이 있는 학습자 들이 그렇지 않은 동료들과 짝을 이루고 그룹으로 나누어 학습과제를 전달하는 지도법 이다. 동료 지도법의 가장 큰 장점인 피드백과 평가의 제공에 있다.

많은 학습자들을 지도해야하는 지도자들이 제한된 시간에 각기 능력이 다른 아동들에게 효율적인 피드백을 제공하기 어려운 보완을 할수있다.

자기주도 지도법

자기주도 지도법은 학습자 스스로 또는 학습자와 지도자가 상의하여 학습의 시작과 종료를 결정하므로 학습자의 창의력을 키울 수 있고, 학습 후 자료나 시설을 스스로 활용할수 있다는 장점이 있지만 , 학습의 효과를 이루기 위해서는 모든 학습자가 높은 동기 수준을 유지하고 있어야 하는 제약이 따른다. 학습에 따른 모든 필요한 요인이 교재에 포함되어 있어야 하므로 수업자료 준비에 많은 시간이 소비되고 적당한 시기에 피드백을 할수 없다는 단점이 있다.

움직임 특성과 특성에 따른 지도방법

일정한 움직임을 지도하는 데는 전체의 움직임을 반복하여 지도하는 전습법과 몇 개의 부분으로 나누어 지도하는 분습법이 있으며, 처음에는 분습법으로 지도하여 학습자가움직임에 어느정도 익숙해졌을 때 전습법으로 지도하는 방법도 있다, 어떤 방법이 더욱 효과적이라고 할 수는 없지만 움직임과 학습자의 특성에 따라 지도하는 것이 효과적 이며 일반적으로 움직임이 복잡할수록 분습법이 효과적이라고 하는데, 이는 율동이나 체조등을 지도할 때 적용하며 잊지 말아야 할것은 무엇보다도 학습자의 흥미와 동기 유발을 저해 하지 않는 지도법이 우선 되어야 한다.

또한 신체적 움직임을 하지 않는 상태에서 움직임 습득을 가져오게 하는 학습자가 자신을 움직임을 상상하거나(image training) 시청각 지도방법으로 자신이나 다른 사람의 움직임을 보면서 움직임의 발달을 도모할수 있는 방법이다. 큰 의미로는 지도자가 시범을 보이며 지도하는 것 또한 심리적 동기유발로 인한 연습의 한 예라고 볼 수 있다.

유아 태권도 수업(예)

월	1주	2주	3주	4주
3월	예절교육 (인사법) 태권도 차렷자세 정신통일 태권도 자세	질서교육 바르게 주먹 쥐는 방법 태권도를 배우는 목적	기본동작 (서기) 기본동작 (지르기)	주먹대장 게임 기본동작 복습
4월	기본동작 (막기)	기본동작 (차기1번)	기본동작 총연습	발대장 게임 주먹대장 게임

유아태권도 수업 시간표 예

내 용	시 간
예절법 및 정신수양	5분
율동과 스트레칭	10분
월별 태권도 기본동작	20분
게임 및 마무리	5분

정규 태권도 특기 수업 시간에 유아들은 새로이 태권도를 접하게 되고 태권도를 친숙하게 생각할 수 있게 되었을 것입니다. 태권도는 유아체육과는 달리 격식이 있고 난이도가 높아 짧은 시간에 높은 수준으로 끌어올리기는 그렇게 쉬운 일은 아닙니다.

좀더 체계적인 품새새와 자세를 익히도록 하며 1대1 겨루기를 통하여 태권도 경기에 대한 이해를 돕고 참된 정신 수양의 기초를 다지게 될 것입니다. 전문적인 지도와 함께 정기적인 심사를 통하여 승급을 받을 수 있도록 하여 성취감과 자신감을 기르게 될 것입니다.

태권도가 공격기술이 아닌 방어 기술임을 익히게 하여 힘을 함부로 쓰지 않도록 도울 것입니다. 자신보다 남을 생각할 수 있는 어린이로 자라나도록 도울 수 있는 최선의 방법이라 생각합니다.

1타임 인원은12~15명 선으로 제한되고 인원이 추가 될 경우는 class를 증설하여 운영합니다.

수업시간은 매주 1회(또는2회)이고 1타임 수업은 1시간입니다

신문지 격파

준비물은 날짜 지난 신문(보통 한반에 한부 정도면 가능)만 있으면 가능하다

시범 보일 아이를 한명 시켜서 아이들 앞에서 시범을 보이게 한다.

시작 전에 차렷자세(첫째주에 미리 가르쳐줌)를 시키고 주먹을 꽉 쥐게 한다.

선생님이 "시작"이라고 외치면 자기가 좋아하는 동물의 소리를 내면서 3~5m 떨어진 곳에서

동물의 흉내를 내면서 달려와 신문지를 격파(찢는다)한다

반으로 나눠진 신문지를 가지고 4~5차례 더 실시 한다.

다음은 발차기를 시킨다. 마찬가지로 자기가 좋아하는 동물의 소리를 내면서 발차기를 시킨다.

"얍!"이라는 소리를 내는 대신에 자기가 좋아하는 동물의 울음소리를 내면서 하기 때문에

아이들에게 더욱 흥미를 느끼게 하면서 수업을 진행할 수 있다.

시간 배분에 따라 차이는 있으나 15~20명 가량의 한반의 아이들을 기준으로

하면준비운동을 길게 하면 수업시간(30분)이 모자랄 수도 있으니 유의해야 한다.

태권도 수업을 하기 전에 미리 명상의 시간을 가질수 있는 곡을 준비하여 약 2~3분간 틀어놓고 명상을 시키면 수업진행에 아주 많은 도움을 줄수 있다.

◎ 유아의 기초체력 향상 프로그램

1. 근력 및 지구력 향상 프로그램

유아의 운동신경 등은 상당히 발달되어 있지만, 근육의 힘이나 뼈, 호흡순환계(심장과 폐)의 발달은 미숙한 편이다.

따라서, 몸의 일부분(팔이나 머리)으로 몸 전체를 지탱한다든지, 높은 곳에서 뚜어내린다든지, 장거리 달리기와 같이 심장과 폐에 큰 부담을 주는 운동은 4세 이전에는 적합하지 못하다.

신체활동이 미숙하므로 격렬한 장시간의 운동은 피하는 것이 좋다. 몸의 발육에는 휴식과 영양도 필요한 것임을 잊지 말아야 한다. 피로해 보이면 반드시 쉬게하고, 영양을 충분히 공급하면 빠르게 회복할 수 있을 것이다.

◎ 근력 및 지구력을 향상시키는 운동의 예

걷기, 누워서 윗몸일으키기, 높이띠기 · 껑충뛰기, 쇼파에 오르내리기, 놀이기구 조립하기, 밀기, 달리기, 기어오르기 · 내리기, 집단놀이 활동 , 던지기, 계단오르내리기, 당기기, 장애물 넘기, 넓이뛰기, 무릎들어 올리기, 매달리기, 뛰어내리기, 줄에 매달려 흔들기

유아 운동방법

1. 운동은 유아들의 마음을 즐겁게 하여 정서를 순화시키고 신체활동의 욕구를 충족시킴으로서 신체의 발육발달을 촉진시킬 뿐만 아니라 건강한 생활에 필요한 기초체력과 운동기능을 향상시켜 준다.

또한 운동놀이는 스스로의 힘으로 새로운 환경에 적응하려는 능력과 단체생활에서 필요로 하는 행동규범과 협동정신을 길러준다. 연령에 따라 약간의 차이는 있으나 발육촉진, 운동기능 발달, 신체기관 발달, 사회성 발달, 정서적 발달 등의 효과가 있다. 또한, 유아기의 운동은 무엇보다 신나고 즐거워야 한다.

이때는 호기심과 창의력이 풍부하여 정신적인 수준은 비교적 발달하지만, 활동에 있어 기본적인 심폐지구력이나 골근력 등은 발달이 느리게 진행된다.그러므로 처음부터 체력소모가 많거나 쉽게 지치는 무리한 운동은 피하는 것이 좋다.

그보다는 쉽고 간단한 운동으로 흥미를 유발시킨 다음에 점점 난이도가 높은 운동을 실시하는 것이 효과적이다. 운동으로는 신체 모든 부위가 균형적으로 고르게 발달할 수 있는 전신운동이 바람직하다. 또 온 가족이 함께 즐길 수 있는 놀이를 통해 운동효과를 얻는 것도 좋은 방법이다.

2번. 본론

1. 유아기 운동능력의 주의점

출생후 1년간은 각자 자기가 가지고 태어나는 자연의 리듬 성숙의 기전에 따라 발달하는 것이 중요하고, 빠르고 힘찬 것이 아니라 안전과 안정된 상태로 얼마나 많은 운동 패턴을 성취하는가가 중요하며, 운동능력의 발달은 조정력의 발달이 가장 중요하다.

2. 유아들의 운동능력 향상 방법

1) 놀이 방법일 때 잘 배운다.

유아들은 집중력이 짧고 호기심이 많으며 흥미 있는 것에만 깊이 몰두하므로 재미있는 놀이 방법일 때 가장 효과적인 학습이 일어난다. 다양한 소재를 이용한 창의적 사고를 키울수 있게 하여야 하며, 이것은 동시에 신체능력만이 아니라 지능과 감성을 모두 키울수 있는 것이다.

2) 발달 수준에 맞는 내용과 방법이어야 한다.

유아의 발달과 신체 활동은 병행 관계에 있으면서 상호 밀접한 관련을 가진다. 유아가 어떤 활동을 할 수 있으려면 일정한 발달 수준에 이르러야만 가능하다. 유아로 하여금 흥미를 유발하고 효과를 증진시키려면 내용 및 활동이 유아 발달 수준보다 너무 이르거나 너무 늦지 않도록 유의하여야 한다. 유아들은 학습의 내용이나 방법이 발달 수준보다 너무 높으면 위축되어 스스로 무능감을 느끼며 자신감을 잃게 되고, 너무 낮으면 흥미를 잃어 산만해지기 쉬울 것이다.

발달 수준에 맞는 운동능력의 예

* 볼운동 - 2세부터 볼 핸드링의 경험이 시작 3세 후부터 운동 감각 키우는데 가장 중요한 운동

* 보행 및 달리기 - 평형을 유지하기 위한 보행방법부터 시작 2살부터 리듬이 안정적이고, 장애물을 피함 2-3살 달리기가 가능

* 뛰기(jump) - 2살부터 뛰어내림을 경험, 3살까지 약 42%가 양발로 착지 가능, 4살까지 72%가 제자리 넓이 뛰기가 가능

* 오르기 - 3, 5살 때 계단 오르기가 가능

유아의 운동능력

① 근력 - 지구력 근력(매달리기,기어오르기,버티기,계속뛰기,밀기,끌기,당기기)

순발력 근력(멀리뛰기,높이뛰기,강하게 밀기,무거운것 던지기)

② 민첩성 - (발밟기,터널통과,굴어오는 공차기,짝맞추기,들어가기)

③ 평형성 - (선따라 걷기,줄밟고 걷기,징검다리건너기,평균대걷기,할발로 서기)

④ 협응성 - (네발로기기,게걸음,손등치기,줄줄이달리기,줄다리기,고기잡이)

⑤ 순발력 - (멀리뛰기,높이뛰기,뛰어넘기,뛰어손뼉치기,뛰어발뼉치기,한발로뛰기, 강시뛰기)

⑥ 유연성 - (한쪽다리펴서 허리숙이기,두다리펴서 허리숙이기,어깨펴기,엎드려허 리젖히기)

⑦ 소근육운동 - (책장넘기기,종이접기,봉투에넣기,손으로 종이오리기,쌀움켜잡기, 발가락운동)

3) 유아운동은 반복이 효과적이다.

유아운동은 단시간에 그리고 한번에 그 효과가 나타나지 않는다. 같은 활동을 자기 나름으로 반복하는 동안 자신감도 생기며, 사고력도 생기고 창의력도 발휘할 수 있게된다. 운동을 반복적으로 시킴으로 해서 유아의 무한한 호기심과 신체발달을 더욱 발전시킬 수 있을 것이다.

4) 유아 운동시 지도방법

유아의 운동지도는 유아들의 운동기능을 숙달시키는 일이 중요한 것이 아니라 스스로 운동을 즐겨 할 수 있게 하는 것이 중요하다. 그렇게 함으로써 건강을 증진시키고 신체적 활동능력을 신장함은 물론 정신적 활동 능력을 높일 수 있다. 유아의 능력과는 상관없이 목표 달성에만 치중 한 결과 유아의 신체에 너무 무리한 운동이 된다든지 무리가 가게되면 오히려 바람직한 지도 방법은 아니다.

유아의 운동시 가장 중요한 것은 물론 정확한 동작 익히기와 반복적인 훈련도 필요하지만 본질은 어디까지나 즐거움이라고 하는 유아의 근본을 항상 배재해 두어야 한다. 스스로 할 수 있는 자아능력과 즐거움을 살리면서 각종 운동경험을 넓히고 심화할 수 있게끔 하는 것이 유아운동을 지도함에 있어 가장 적합한 지도방법이다.

5) 체육이 유아에게 미치는 영향

유아는 뛰어 놀기를 좋아한다. 달리기, 점프, 공 던지기 등 지칠 줄 모르고 항상 움직임을 신체를 통해서 활동적으로 표현한다. 유아들에게는 노는 것 자체가 훌륭한 전신운동이므로 놀이는 체력을 튼튼히 하고 특히, 운동신경을 발달시키는데 좋은 역할을 한다. 운동능력이 개발된 유아는 어떤 환경에서라도 자기 나름대로의 방법으로 잘 적응해나가며 다음에는 균형능력이 좀 심화되어진 운동능력으로 발달 향상된다.

3번. 유아체육시 주의할 점

교육 진행간 안전 및 대비 해야 합니다.

유아체육은 안전의식이 부족한 아동을 대상으로 하고, 다른 수업에 비해 동적이고 또한 여러 가지 도구들을 사용하기 때문에 안전에 관련한 여러가지 상황에 따른 철저한 대비가 이루어 져야하며 다른 어떤 부문 보다 우선해야 할 사항입니다.

*** 흥미있는 교육이 되어야 합니다.**

아무리 뛰어난 교사라 할 지라도 정해진 시간에 아이들에게 가르치는 교육의 정도는 한계가 있습니다. 아이들의 주의집중 및 관심을 유발하며 교사를 따르게 할 다양한 게임등을 준비 한다면 유익한 교육이 되리하 생각합니다.

*** 운동 부진아(부적응아)에 대한 사전 준비를 철저히 해야 합니다.**

유아일수록 수업중에 체력 및 사회성이 특별히 떨어지는 아이 때문에 의외의 상황이 발생하여 교육의 전체적인 내용이 떨어지는 상황이 자주 발생합니다. 보조 교사 활용등 사전준비로 특별히 신경을 써야할 부분입니다.

*** 유아의 생리적, 심리적, 사회적 측면을 충분히 고려해야 합니다.**

수업을 진행하다 보면 프로그램의 문제보다는 교육자(선생님)와 피교육자(유아들)간의 상호대립적인 부분에서 더 많은 문제들이 벌어집니다. 보다 효과적인 수업을 진행하기 위해서는 유아들의 심리나 성격발달에 대한 것들을 이해하고 알아 두시는 것이 좋습니다.

*** 정해져 있는 질문은 피하고 설명은 간단 명료해야 합니다.**

어떠한 지시나 상황에 대한 질문을 던질때, 되도록이면 답을 예상하는 질문은 피하고 유아들이 충분히 상상할 수 있는 질문을 해주는 것이 좋습니다. 또한 어떠한 동작에 대한 이해를 돕고자 설명이 길어지면 유아들의 집중력이 상대적으로 떨어져 비효율적인 전달방법이 되어버립니다. 설명은 간단 명료해야 하며, 추가 설명은 동작을 시행하면서 하시는 것이 좋습니다.

*** 유아의 발달수준에 따른 적절한 내용을 단계적으로 계획하여 지도해야 합니다.**

일선에 계시는 일부 선생님들이 유아 체육 프로그램들을 계획할 때 유아들의 흥미에 집착하고 단지 보여 주기 위한 프로그램들을 실행하다 보니 유아들의 발달 수준에 맞지 않는 부적합한 프로그램들이 많이 형성되고 있습니다.

유아들에게 체육 활동을 경험하게 해주는 것은 그 시기의 성장발달에 도움을 주기 위해서지, 유아들의 신체 활동 능력을 화려하게 포장하기 위해서가 아닙니다.

*** 수업에 임하는 집단의 크기를 고려해야 합니다.**

같은 프로그램이라 할지라도 수업 집단의 크기에 따라 상당히 많은 변인이 발생하게 됩니다. 그렇기 때문에 수업에 대한 프로그램을 만드실 때나 수업에서의 프로그램을 운영하실 때, 수업 집단의 크기에 따라 변화를 주셔야 합니다.

*** 체육 활동은 과정을 중시해야 합니다.**

어떠한 결과를 도출하려는 계획이 중시된다면 그것은 실패한 프로그램입니다. 유아들에게는 멋진 동작이나 뛰어난 신체적 기능이 중요한 것이 아니라, 뛰고 달리고 구르고 하는 일련의 움직임을 통한 그 자체로써의 즐거움과 또한 그러한 활동에 참여한다는 과정이 중요합니다.

*** 유아의 흥미나 능력에 맞는 활동이나 자료들을 다양하게 제공해야 합니다.**

유아들이 보다 적극적인 참여를 유도하기 위해서는 다양한 방법으로 흥미를 부여해주고 충분한 동기부여를 해주어야 합니다. 그리고 유아들의 능력에 맞는 활동과 또한 도구들이 필요합니다.

* 준비와 마무리 체조를 정확히 한다.

* 정리정돈 및 간단한 위생생활을 지도한다.

* 올바른 언행으로써 모범이 되야 합니다.

유아들은 그 시기의 특성상 어떠한 개체를 우상화 시켜 동일시(모방)하려는 습성이 있습니다. 만약 선생님이 우상이 된다면 선생님 사용하는 언어, 그리고 행동을 다 따라하게 됩니다. 그렇기 때문에 유아들을 가르칠 때는 각별히 언행에 신경을 쓰셔야 합니다.

유아체육 수련시 응용 문장

1. 발뒤꿈치로 걷기 Walking on heels

- 똑바로 선다.

  Stand straight

- 처음부터 끝까지 다리를 편 채로 계속해서 뒤꿈치로 걷는다.

  Walk on your heel with your legs straight

- 10회나 10초 정도를 똑바른 자세로 실시

  Do this exercise with a proper posture 10 seconds for 10 times.

- 반복횟수를 3일에 한번씩 증가 (개인차에 따라 운동부하 결정)

  Increase the exercising amount one at a time in 3 days.

- 처음엔 10m를 2회실시, 점차적으로 거리와 반복횟수 늘림.

  At the first time doing this exercise, set the walking distance to 10 meters and perform this procedure 2 times. Increase the distance and the exercising amount as needed.

2. 앞으로 뛰어넘기 Jumping over an obstacle

- 바닥에 장애물을 놓는다.

  Put an obstacle on the floor

- 장애물 앞에 서서 양발을 모으고 앞.뒤로 뛰어 넘는다.

  In front of the obstacle, put your feet together and jump over the obstacle forward and backwards

3. 강아지처럼 달리기 Running like a puppy

- 손발로 바닥을 집고, 무릎을 약간 구부리고 머리를 든다.

Put both your hands and feet on the ground.

Bend your knees a little bit and raise your head.

- 강아지처럼 앞.뒤.옆으로 여기 저기를 재빨리 달린다.

Run forward, backwards and to your left and right like a puppy.

4. 돌려지는 줄넘기 Jumping the rope

- 한사람이 3~4m 정도의 줄의 끝을 잡고 무릎높이로 빙글빙글 돌린다.

One person should hold the end of 3~4m rope.

He should hold it to about knee high and make a circle when shaking it.

- 돌려지는 줄을 한발 또는 양발 모으고 뛰어넘기를 한다.

Another student should jump the rope with one foot or with both feet.

- 줄을 돌리는 어린이와 뛰어넘는 어린이의 임무를 교대시킨다.

Change the position of the person who is holding the rope and the person who is jumping the rope.

- 한발로 뛸 때에는 왼발, 오른발로 각각 뛰도록 한다.

When jumping with one foot, have the person take turns jumping with left and right feet.

5. 엉거주춤 서기 Standing awkwardly

- 팔을 옆으로 벌리고 선다.

Stand with both of your arms away from your body

- 몸을 앞쪽으로 약간 기울인 상태에서 팔을 앞으로 뻗고, 의자가 있다고 상상하면서 앉는다. 이때, 허벅지가 바닥과 평행이 되도록 한다.

Lean forward a little bit with your arms straight in front of you. Sit while imagining that you're sitting on a chair. When sitting, your thighs should be parallel to the ground.

- 될수록 자세를 낮추도록 하며, 주저앉아버리는 어린이는 선생님이 엉덩이를 살짝 받쳐준다.

  Try to lower your body as much as your can.

  The guide should help by supporting the children who falls and sits on the ground during this exercise.

- 이 자세를 6~12초 동안 유지하도록 하며, 2회 이상 반복한다.

  Remain in the sitting position for 6 to 12 seconds

  Repeat this exercise more than 2 times.

6. 뛰어올라 돌아내리기 Turning in the air after running

- 몇 걸음 뛰어와서 공중에서 한 바퀴 돌아내린다.

  Run a few steps, jump and turn around in the air.

- 돌 때에는 오른쪽→왼쪽, 왼쪽→오른쪽으로 돈다.

  Turn from right to left and left to right.

- 매트 위에서 실시한다.

  Do this exercise on a mat.

7. 곰처럼 걷기 Bear Walk

- 발로 몸무게를 지탱하고 손으로 바닥을 짚고 곰과 같은 자세를 취한다.

  Put your weight on your feet.

  Get into a position like a bear's by putting your hands on the ground.

- 손과 발을 같은 방향으로 동시에 계속해서 움직이며, 천천히 앞으로 이동한다. 운동은 천천히 무겁게 해야 하며, 바닥에 닿지 않도록 팔을 높게 든다.

Move your hand and feet slowly to one direction continuously.

This exercise should be done slowly and heavily while lifting your arms to avoid it from dragging on the floor.

8. 여러 가지 점프하기 Various jumps

- 똑바로 선다. 계속해서 높게 점프한다. 멀리 점프한다.

  Stand straight. Jump high and jump far.

- 공중으로 점프하면서 발바닥으로 손뼉치면서 중앙과 좌우로 뛴다.

  Jump in the middle and jump to your left and right while clapping with your feet

- 각 동작을 순서대로 5~10회씩 실시하며, 2회 이상 반복시킨다.

  Jump 5 to 10 times for each direction

  Repeat this exercise more than 2 times.

9. 벽에 등대고 미끄러지기 Sliding with your back on the wall

- 벽에 등을 완전히 댄 채 허벅지가 바닥과 형행이 되게 앉는다.

  Sit with your back leaning on the wall.

  Have your thighs parallel to the ground.

- 팔을 어깨높이로 올려 몸의 앞부분에서 팔짱을 낀다.

  Raise your arms to your shoulder high and cross your arms

- 발이 미끄러지지 않게 주의시킨다.

  Be careful not to let your feet slip

- 이 자세를 10~20초 동안 유지하게 하며, 2회 이상 반복 실시한다.

  Stay in this position for 10 to 20 seconds

  Repeat this procedure for more than 2 times

- 가능한 한 같은 힘으로 오랫동안 앉은 자세를 유지하도록 한다.

Try to remain in the sitting position with the same strength for a long time.

10. 등맞대고 앉기 Sitting with two people's backs facing each other's

- 키가 비슷한 어린이끼리 팔꿈치를 서로 낀 다음 등과 등을 맞대고 선다.

Two children who are about same height should stand with their backs facing each other. They should have their elbows crossed with each other's.

- 서로 등을 대고 밀면서 천천히 앉는다.

They should push upon each other's backs and sit down slowly.

- 상대가 넘어지지 않도록 미는 힘을 조절시킨다.

While pushing against each other, they should control their own strength to avoid each other from falling.

- 10~20회 정도 실시한다.

Do this exercise 10 to 20 times.

- 발이 미끄러지지 않도록 주의시킨다.

Be careful not to slip

11. 재빨리 일어나 달리기 Getting up fast and running

- 뒤로 눕거나, 엎드린 자세를 취한다.

Lie on your back or on your stomach

- 지도자의 신호에 따라 가능한 빨리 일어나서 지정된 지역까지 달려간다.

According to the guide's signal, get up as fast as you can and run towards your target.

- 6회 이상 반복하여 실시한다.

  Repeat this exercise more than 6 times.

- 달려가는 거리는 처음은 10m 정도로 하고,

  At the first time, make the running distance about 10 meters long.

- 점점 거리를 멀게 한다.

  Increase the distance as you exercise.

12. 줄잡아 당기기

- 두 어린이가 한발을 각각 앞으로 내고, 손잡이가 달린 줄을 잡고 마주보고 선다.

  Two children should have their one foot forward and hold the rope with a handle while facing each other.

- 지도자의 신호와 함께 서로 잡아당기기 시작하며, 한 어린이가 중앙선을 넘어 끌려 올때까지 계속한다.

  When the guide gives a signal, children should pull the rope towards themselves. Keep pulling until one of the children passes the boundary line.

- 줄을 갑자기 놓거나, 당기지 못하게 주의시킨다.

  Be careful not to let go of the rope or pull too suddenly.

- 2회 이상 반복하여 실시한다.

  Repeat this procedure more than 2 times.

13. 윗몸 일으켜 버티기 Lifting up one's body and remaining in that position

- 등을 둥글게 하고 누워서 팔을 머리 뒤로 뻗어 손가락을 끼거나 가슴 위에 팔장을 낀다.

  Bend your back and lie down. Hold your hands together behind your head or cross your arms on your chest.

- 머리를 들어 가슴 위에 턱이 닿을 듯이 당기고, 어깨를 든다.

  Lift your head so that your chin may almost touch your chest. Then, lift your shoulders

- 굽혀진 상태에서 숨을 내쉬도록 한다.

  Breathe out in that position

- 상체를 잘 들어올리지 못하는 어린이는 지도자가 등을 살짝 받쳐준다.

  The guide should help the children who has a hard time lifting their upper body

- 이 자세를 6초 이상 유지하며, 2회 이상 반복한다.

  Remain in this position for more than 6 seconds.

  Repeat this procedure more than twice.

14. 게걸음 걷기 Crab walk

- 그림과 같은 자세 (게 모양)에서 한발씩 번갈아가며 들어올린다.

  Take turns lifting your left and right feet in the position shown in the picture.

- 등뒤로 손집고 누워 게와 같은 자세를 취한다.

  Hold the ground behind you and position yourself like a crab

- 각 다리는 가능한 한 높게 교대로 들어올린다.

Lift each of your feet as high as you can.

- 팔은 쭉펴고, 땅을 짚는 다리의 무릎은직각으로 굽히게 한다.

Straighten your arms and bend your knees 90 degrees.

- 왼쪽 다리와 오른쪽 다리를 들어올리기를 각 10~20회씩 실시한다.

Lift each of your legs 10 to 20 times.

15. 매달려 버티기 Hanging on a pull-up bar

- 나무나 철봉에 몸을 쭉 편 상태로 매달린다.

Hang on a tree or a pull-up bar with your body straight.

- 양다리를 구부려서 가슴에 붙이고 가능한 한 오랫동안 매달려 있는다.

Bend both of your knees and put it towards your chest while hanging on the bar.

- 어린이가 손이 미끄러져서 떨어질 때 받쳐줄 준비를 한다.

The guide should always be ready to help the child in case his hand slips and falls

- 10~30초 정도 매달려 있게 하며, 2회 이상 반복하여 실시한다.

Hang on the bar for 10 to 30 seconds

Do this exercise more than twice.

16. 몸 떨기 Shaking your body

- 누워서 다리.팔.머리를 들어올린다.

Lie down and lift your legs, arms and head

- 그 상태에서 몸.팔.다리를 들어올렸다가 내린다.

At that position, move your body, arms and legs up and down.

- 한번에 10회씩 2번 이상 반복하여 실시한다.

  Do this exercise 10 times each.

  Repeat this procedure more than twice.

17. 등으로 시소타기 See-Saw on your back

- 등을 둥글게 하고 누워서 팔을 머리 뒤로 올려 깍지를 끼거나 가슴 위에서 팔짱을 낀다.

  Bend your back and lie down. Hold your hands together behind your head or cross your arms on your chest.

- 바닥에 등을 대고 누운 상태에서 머리와 다리를 들고 등을 중심으로 시소를 한다. 이 때 발이 바닥에 닿지 않도록 한다.

  Put your back on the ground and lift your head and feet towards the center of your body. Move back and forth like a see-saw without touching your feet on the ground.

- 10~20회 정도 실시하며, 2회이상 반복한다.

  Do this exercise 10 to 20 times.

  Repeat more than 2 times.

- 부드러운 잔디밭 또는 매트 위에서 실시한다.

  Perform this task on a mat or on a lawn.

18. 엎드려 팔 들어올리기 Lifting arms while lying on the ground.

- 엎드린 채 팔을 옆 또는 앞으로 뻗는다.

  Lie down and spread your arms to your sides or in front of you.

- 팔과 머리를 들고 자세를 유지하며,팔을 여러 위치로 변환시킨다.

Lift your head and arms and move the positions of your arms many times.

- 동작순으로 6초 이상씩 유지하도록 하며, 2회이상 반복한다.

  Stay in each position for more than 6 seconds.

  Repeat more than 2 times.

- 부드러운 잔디밭 또는 매트 위에서 실시한다.

  Do this exercise on a mat or on a lawn.

19. 누워서 가슴에 무릎닿기 Touching your chest with your knees while lying down.

- 누워서 팔을 옆으로 뻗어 바닥에 올린다.

  Lie down and spread your arms to your sides on the floor

- 다리를 가슴까지 끌어당겨 무릎을 가슴에 단단히 붙였다. 다시 펴는 동작을 반복한다.

  Bend your legs up to your chest to make your knees touch your chest and straighten your legs.

- 다리가 가슴에 잘 안 닿는 어린이는 지도자가 다리를 살짝 눌러준다.

  If the children's legs don't touch their chest easily, the guide should push it slightly to help.

- 잔디밭 또는 매트 위에서 실시한다.

  Do this exercise on a mat or on a lawn.

20. 밀고 당기기 Pulling and Pushing

- 어린이와 마주보고 앉고 서로 양발을 붙이고 다리를 편 채 다가앉아 서로 손을 잡는다.

  Two people should sit facing each other. Put both people's feet together with their legs straight and hold each other's hands.

- 서로 잡아당기는 동작을 반복한다. "하나, 둘, 셋"과 같이 숫자를 세며 리듬에 맞춘다.

  Pull each other while counting one, two, three, etc

- 지도자가 함께 할 때에는 힘을 적당히 조절하여, 어린이의 흥미를 유발시킨다.

  If the guide is doing this exercise with a child, the guide should control his strength to make the child more interested.

- 손을 잡고 일어서서 밀고 당기는 것도 실시한다.

  Do this exercise while standing up.

- 손이 미끄러울 때에는 막대기를 이용하는 것이 효과적이다.

  If their hands are slippery, using a stick may help to do this exercise.

21. 다리 들어올려주기 Lifting up legs

- 한 사람은 등을 대고 누워 양손으로 선 사람의 발목을 잡는다.

  One person should stand and the other person should lie on the floor while holding the ankles of the standing person.

- 선 사람은 양발을 가지런히 모으고, 누운 사람의 다리를 들어올린다

  The person standing should put his feet together and lift up the legs of the person who's lying down.

- 왼발, 오른발을 번갈아 가면서 들어올린다.

  Lift up left and right feet of the person who's lying down by taking turns.

- 다리를 갑자기 잡아끌지 못하게 주의시킨다.

  Be careful not to pull too suddenly.

- 서로 임무 교대를 시킨다.

  Change positions

22. 팔베고 엎드려 다리 들어올리기 Lifting legs while lying with your head on your arms.

- 엎드린 자세에서 팔을 구부리고 그 위에 턱을 올린다.

  While lying on the floor, bend your arms and put your chin on it.

- 다리를 곧게 펴서 번갈아 들어올린다. 이 때 허벅지가 바닥에 닿지 않도록 한다.

  Straighten both of your legs and lift one up at a time.

  Your thighs should not touch the ground.

- 다리 힘이 강한 어린이는 동시에 양다리를 들어올린다.

  Have the child with strong leg strength lift both feet at once.

- 오른쪽 다리와 왼쪽 다리를 번갈아 들어올리게 한다.

  Take turns when lifting left and right feet

- 양다리를 모으고 들어올리지 못하는 어린이는 지도자가 받쳐준다.

  Guide should help by supporting the children who cannot lift both feet at once.

- 동작별로 10~20회 실시하며 2회이상 반복한다.

Perform 10 to 20 times for each leg and both legs.

Repeat this step more than 2 times.

23. 벽집고 팔굽혀 펴기 Push-ups on the wall

- 벽에 손을 대고 팔꿈치를 편 다음, 벽으로부터 40~60cm 떨어져 선다.

Straighten your arms and put your hands on a wall. Then, stand 40 to 60 centimeters away from the wall.

- 팔을 구부려서 가능한 한 얼굴을 벽 가까이 한 다음, 처음 자세로 돌아가도록 한다.

Without moving your feet, bend your arms until your face almost touches the wall. Then, go back to the starting position.

- 이 때 상체와 무릎을 똑바로 펴야 한다.

While doing this exercise, your upper body and knees should be straight

- 발을 미끄러지지 않도록 주의시킨다.

Be careful not to slip

- 몸은 일직선이 되도록 한다.

Your body should be in a straight line

24. 자기가 앉은 의자들기 Lifting the chair while sitting on it.

- 의자에 앉는다.

Sit on a chair.

- 자기가 앉은 의자를 힘껏 들어올린다.

Hold up the chair you're sitting on

- 갑자기 들어올리면 뒤로 넘어질 수도 있으므로, 지도자는 뒤에 서서 보조할 준비를 한다.

  The guide should stand behind the person who is exercising in case he falls backwards

- 자기가 앉은 의자를 10~20회 들어 올리게 한다.

  Lift up the chair 10 to 20 times while sitting on it

25. 팔 위.아래로 흔들기 Moving arms up and down

- 팔을 옆으로 벌리고 선 자세를 취한다.

  Stand with both arms away from your body

- 발끝으로 걷는 걸음으로 이리저리 빨리 움직이면서 새나 나비가 움직이는 것처럼 팔을 위.아래로 크게 흔든다.

  Walk fast with the tip of your feet and move your arms like birds or butterflies do.

- 20~30초 동안 실시한다.

  Do this exercise for 20 to 30 seconds.

26. 어깨 으쓱으쓱하기 Moving shoulders up and down

- 팔을 옆으로 벌려서 아래로 내린 자세로 선다.

  Stand with your arms away from your body

- 어깨를 각각 10번씩 으쓱으쓱한 다음, 양쪽 어깨를 동시에 10번씩 으쓱으쓱한다.

  Move your left and right shoulders up and down 10 times separately. Then, move both parts of your shoulders up and down 10 times.

- 어깨를 으쓱으쓱할 때 목을 움직이지 않도록 한다.

  Try not to move your neck while moving your shoulders

- 동작순으로 2회 이상 반복하도록 한다.

  Repeat this set of exercise more than 2 times.

27. 서서 헤엄치기 Swimming while standing

- 양다리를 어깨너비로 벌리고 선다.

  Spread your feet to your shoulder width

- 상체를 앞으로 구부린 채 머리를 들고 팔로 수영의 자유형 동작을 반복한다.

  Bend your upper body forward; raise your head; move your hands as if you're swimming foward

- 뒤쪽으로도 자유형 동작을 반복한다.

  Bend your upper body backwards and move your hands as if you're swimming backwards

- 허리가 올라가거나, 아래로 처지면 지도자가 배를 살짝 받쳐준다.

  If the exerciser's waist goes up or down, the guide should support his back.

- 20~30초 동안 실시하며, 2회 이상 반복한다.

  Perform this task for 20 to 30 seconds.

  Repeat more than 2 times.

28. 서로 일으켜주기 Helping each other stand up

- 누워 있는 상대방의 중앙에 다리를 벌리고 선다.

  Have one person lie on the floor and the other person stand with his feet spread wide on the middle part of the lying person's body.

- 서로 양 손목을 잡은 상태에서, 서 있는 어린이는 누워 있는 어린이를 위로 끌어올린다.

  Both people should hold each other's wrists and the person who is standing should pull up the person who is lying on the ground.

- 갑자기 잡아끌거나 놓지 못하게 주의시킨다.

  Be careful not to drag or let go of the person who is lying

- 누운 어린이는 몸을 일직선으로 펴도록 한다.

  The person who is lying should straighten his body

- 서로 위치를 바꾸어 실시한다.

  Change positions and repeat the exercise

29. 철봉에 매달려 가위바위보하기 Playing rock, paper, scissors while hanging on a pull-up bar.

- 둘이서 철봉을 잡고 매달린다.

  Make two people hang on a pull-up bar

- 가위바위보를 해서 진 어린이는 턱걸이를 1회 한다.

  Play rock, paper, scissors and have the person who lost do one pull-up.

- 철봉에서 떨어지면 지게 된다.

  If anyone falls off the pull-up bar, he loses.

- 철봉은 어린이의 키보다 약간 높은 것으로 한다.

  The pull-up bar should be a bit higher than the height of the children.

- 3판2승제로 3회 이상 반복한다.

  Play rock, paper, scissors three times and when one person wins two times, the game will be over.

  Repeat this procedure more than three times.

30. 팔굽혀 펴기 Push-ups

- 엎드려 뻗쳐 자세를 취한다.

  Get into the push-up position

- 몸이 바닥에 닿을 때까지 낮춘 다음, 다시 처음의 준비자세로 되돌아간다.

  Lower your body until it is about to touch the ground and go back to the starting position.

- 팔의 힘이 약한 어린이는 처음의 자셀고 쉽게 돌아가기 위하여 바닥에 무릎을 대는 등의 동작을 취하는 것을 허용한다.

  If the child has weak arm strength, let him put his knees on the floor and perform the task

- 팔 힘이 약한 어린이는 바닥에 무릎을 대었다 떼기를 한다.

  Let the child with weak arm strength practice putting his knees on and off the floor.

31. 엎드려 발바꾸기 Changing your feet while lying on the ground

- 바닥에 손을 짚고 엎드린다.

  Lie on the floor with both hands on the ground

- 각 다리를 번갈아가며 가슴 앞까지 끌어당긴다.

  Pull your legs up to your chest while changing your feet.

- 처음에는 천천히 하다가 점점 빠르게 한다.

  Perform this task slowly and increase the speed gradually

32. 물개걸음 걷기 Seal Walk

- 손을 짚고 엎드려 발등을 바닥에 댄다.

  Put your hands and top of your feet on the ground.

- 손과 팔을 사용해서 일직선으로 된 몸을 앞쪽으로 끌고 간다.

  Use your hands and arms to move your body forward.

- 몸을 일직선으로 곧게 펴도록 한다.

  Straighten your body

- 발끝을 쭉 펴서 발등이 바닥에 닿도록 한다.

  Straighten the end of your feet and make the top of your feet touch the ground.

- 5m씩 실시하며, 2회 이상 반복한다.

  Perform this task for 5 meters long.

  Repeat more than 2 times.

33. 팔꿈치로 기기 Crawling with elbows

- 팔꿈치를 바닥에 닿게 하여 엎드린다.

  Lie on the floor with both elbows touching the floor.

- 팔꿈치와 발을 이용해서 앞으로 걷는다.

  Use your elbows and feet to move forward.

- 주로 팔 힘으로 걷는다.

  Use mostly your elbow strength instead of that of the feet.

- 잔디밭 또는 매트 위에서 실시하고, 상.하의는 긴 옷을 입는다.

  Wear long sleeves and long pants and do this exercise on the mat or on a lawn filled with grass.

- 머리는 위로 들어올린다.

  Put your head up while doing this exercise.

- 5m씩 실시하며, 2회 이상 반복한다.

  Perform this task for 5 meters long.

  Repeat more than 2 times.

34. 무릎 사이에 공 끼고 누르기 Pushing a ball with both knees

- 양다리를 적당히 벌리고 선다. 공을 무릎 사이에 넣는다.

  Stand with both feet spread and put a ball between your knees.

- 공을 누를 때에는 숨을 내쉬도록 한다. 공을 무릎 사이에 끼고 꽉 누른다.

  When pushing against the ball, breath out.

  Put the ball between your knees and push it strongly.

- 6초 동안 실시하며, 2회 이상 반복한다.

  Perform this task for 6 seconds.

  Repeat 2 times.

35. 자동차 흉내내기 Copying a car

- 엎드린 자세에서 손과 발을 바닥에 댄다.

  Put your hands and feet on the ground while lying on the floor.

- 어린이가 손과 발을 사용해서 이리저리 움직일 때 지도자가 "우회전, 좌회전"이라고 외치면 어린이는 몸을 왼쪽과 오른쪽으로 기울인다.

  While a child is lying on the floor with both hands and feet on the ground, the guide should say, "left turn and right turn" to make the child lean towards left and right respectively.

- 선생님이 "뒤로"라고 외치면 팔을 쭉 펴고 다리를 구부리며 중심을 뒤쪽으로 옮긴다.

  If the guide shouts "backwards," the child should straighten his arms and bend his knees to make the balance of his body move towards the back.

- 이 자세로 20~30초 동안 실시하며, 2회 이상 반복한다.

  Perform this task for 20 to 30 seconds.

  Repeat more than 2 times.

36. 조랑말 타기 Riding pony

- 팔을 살짝 들어 양쪽 옆에 붙이고 선다

  Put your hands beside your body and stand

- 조랑말처럼 뛰면서 엉덩이 높이까지 발뒤꿈치를 자연스럽게 올렸다 내렸다 한다.

  Jump like a pony up to your waist high. When jumping, put your weight on the front part of your feet and make the back of the feet go up and down naturally.

- 천천히 하다가 빠른 속도로 반복하며, 이 때 팔은 자연스럽게 움직인다.

  Start by doing it slow and increase the speed while making your arms move freely.

- 왼쪽발. 오른쪽발을 번갈아 가면서 뛰게 한다.

  Change your feet from left foot to right foot when jumping.

- 이 자세로 10~30초 동안 실시하며, 2회 이상 반복한다.

  Perform this for 10 to 30 seconds.

  Repeat more than 2 times.

37. 벽에 등대고 발차기 Kicking while leaning on the wall

- 벽에 등을 대고 선 다음 양팔을 옆으로 벌리고 손바닥을 벽에 붙여 몸을 지탱한다.

  Lean on a wall; spread both feet; Balance your body by putting your palm on the wall.

- 발을 찰때 "압" 등의 기합소리를 내도록 한다.

  When kicking, make a shouting sound such as "Ah!"

- 여러 명일 때에는 "누가 높이 올리는가?"

  If many people are performing this task, watch who raises their feet higher.

- 혼자 할 때에는 "얼마나 높이 올리는가?"로 동기를 높여준다.

  If performing this task alone, watch how high you can kick your feet.

- 왼쪽 다리와 오른쪽 다리를 번갈아 가면서 올린다.

  Take turns and change your feet when kicking with your left and right feet.

- 더 높이 올릴 수 있도록 유도하되, 무리하지 않도록 한다. 되도록 다리를 펴서 차도록 한다.

  Try to kick higher, but don't push yourself.

  When kicking, kick with straight legs. (Your leg shouldn't be bent when it is at the climax point of the kicking procedure)

- 10회씩 3번 반복 실시한다.

  Kick 10 times with each foot.

  Repeat this procedure three times.

38. 한 발로 뛰기 Jumping on one foot

- 오른발로 목표물까지 뛴다. 왼발로 목표물까지 뛴다.

  Jump to the target with right foot. Jump to the target with left foot.

- 출발선에서부터 목표물까지의 거리를 정하여 준다.

  Decide the distance from the starting point to the finishing point.

- 뛸 거리 (m)와 횟수를 정하여 두고 실시한다.

  Run after confirming the distance (m) and however many times one should run.

- 반환점을 돌아올 때에는 반대발로 뛰거나 공을 드리블하면서 뛰게 한다.

  When coming back from the target, run with the opposite foot or dribble a ball.

39. 타잔 줄타기 Tarzan Rope

- 철봉이나 문틀에 줄을 맨다. 어린이에게 줄을 양손으로 잡고 매달리게 한다.

  Tie the rope on pull-up bar or doorframe. Let a child hold the rope with both hands and hang on it.

- 지도자가 줄을 흔들어 준다.

  Let the guide shake the rope.

- 매달려서 하나, 둘, 셋 을 세어보게 하거나 노래를 부르게 한다.

  Have the child count one, two and three or sing.

- 튼튼한 곡세 줄을 매두어야 한다.

  The rope should be tied firmly with a strong rope.

- 안전하다는 것을 확인시켜 주어야 한다.

  Verify to the child that it is safely tied.

- 과도한 흔들림으로 인해 줄을 놓지 않도록 한다.

  Do not shake the rope too much and do not let go of it.

- 5초 이상 매달려 있도록 한다. 지도자는 옆에 서서 언제든지 보조할 준비를 한다.

  Hang on the rope for more than five seconds.

  Stand beside the rope and the child to help whenever needed.

40. 원 안에서 줄넘기 Skipping rope in a circle

- 두 명이 마주보고 서서 긴 줄을 돌린다.

  Let two people stand facing each other and pass the rope.

- 줄의 중앙에 동그라미를 그려 놓는다.

  In the middle of the rope, draw a circle

- 동그라미 안에서 줄넘기를 한다.

  Jump rope in the circle

- 줄을 넘을 때마다 하나, 둘, 셋 을 세게 한다.

  Count when jumping the rope

- 정해진 횟수만 넘고, 기다리는 친구와 교대하도록 한다.

  Trade partners when finished jumping however many times they've decided to jump.

- 익숙해질수록 원을 작게 한다.

  As they get used to it, decrease the size of the circle.

ex) 계획안 샘플

<table>
<tr><td>Topic</td><td colspan="2">Title - Hand Motion</td><td>Day</td><td>Mon</td></tr>
<tr><td>Aim</td><td colspan="4">차렷과 주먹쥐기를 익힌다.
구호를 외칠 수 있다.</td></tr>
<tr><td>Grade</td><td>▶Age
5. 6. 7</td><td>Material</td><td colspan="2"></td></tr>
<tr><td>Activities</td><td>- attention
- fist clasp
- a society personage
- slogan shout</td><td>Contents</td><td colspan="2">stretch - 10 minute
Main motion - 10 minute
Fickleness motion - 10 minute</td></tr>
<tr><td colspan="5">Procedure</td></tr>
<tr><td>Greeting chant</td><td colspan="4"></td></tr>
<tr><td></td><td colspan="4">stretch - 10 minute
1)Standing
① arm stretch jump (4 stage)
② Down up motion
③ turn motion(knee,waist,shoulder, neck, wrist, ankle)
④ muscular and ligament stretch
2)Sit down
⑤ leg stretch oscillate
⑥ leg stretch bend oneself
⑦ the sole of a foot attach oscillate
⑧ the sole of a foot stretch bend oneself
⑨ leg rend. bend oneself
⑩ strike repeatedly
Main motion - 10 minute</td></tr>
</table>

	① attention ② fist clasp (3 stage) ③ a society personage ④ a slogan shout (I can do it, You can do it, We can do it) **Fickleness motion - 10 minute** (To day review exercises)

Topic	Title - Hand Motion		Day	Tue
Aim	준비, 바로를 익힌다. 주춤서기를 익힌다.			
Grade	▶Age 5. 6. 7	Material		
Activities	- ready & stop - horse stance	Contents	stretch - 10 minute Main motion - 10 minute Fickleness motion - 10 minute	
Procedure				
Greeting chant				

stretch - 10 minute

1)Standing

① arm stretch jump (4 stage)

② Down up motion

③ turn motion(knee, waist, shoulder, neck, wrist, ankle)

④ muscular and ligament stretch

2)Sit down

⑤ leg stretch oscillate
⑥ leg stretch bend oneself
⑦ the sole of a foot attach oscillate
⑧ the sole of a foot stretch bend oneself
⑨ leg rend. bend oneself
⑩ strike repeatedly

Main motion - 10 minute

① review hours(last class)
② ready & stop
③ horse stance

Fickleness motion - 10 minute

(To day review exercises)

<table>
<tr><td>Topic</td><td colspan="2">Title - Hand Motion</td><td>Day</td><td>Wed</td></tr>
<tr><td>Aim</td><td colspan="4">몸통지르기를 익힌다.
얼굴지르기를 익힌다.</td></tr>
<tr><td>Grade</td><td>▶Age
5. 6. 7</td><td>Material</td><td colspan="2"></td></tr>
<tr><td>Activities</td><td>- Middle punch
- high punch</td><td>Contents</td><td colspan="2">stretch - 10 minute
Main motion - 10 minute
Fickleness motion - 10 minute</td></tr>
<tr><td colspan="5">Procedure</td></tr>
</table>

Greeting chant	
stretch - 10 minute 1)Standing ① arm stretch jump (4 stage) ② Down up motion ③ turn motion(knee, waist, shoulder, neck, wrist, ankle) ④ muscular and ligament stretch 2)Sit down ⑤ leg stretch oscillate ⑥ leg stretch bend oneself ⑦ the sole of a foot attach oscillate ⑧ the sole of a foot stretch bend oneself ⑨ leg rend. bend oneself ⑩ strike repeatedly **Main motion - 10 minute** ① review hours(last class) ② Middle punch ③ high punch **Fickleness motion - 10 minute** (To day review exercises)	

Topic	Title - Hand Motion		Day	Thur
Aim	아래막기를 익힌다. 몸통막기를 익힌다.			
Grade	▶Age 5. 6. 7	Material		
Activities	- Down block - middle block	Contents	stretch-10minute Main motion-10 minute Fickleness motion - 10 minute	
Procedure				
Greeting chant				

stretch - 10 minute

1)Standing

① arm stretch jump (4 stage)

② Down up motion

③ turn motion(knee, waist, shoulder, neck, wrist, ankle)

④ muscular and ligament stretch

2)Sit down

⑤ leg stretch oscillate

⑥ leg stretch bend oneself

⑦ the sole of a foot attach oscillate

⑧ the sole of a foot stretch bend oneself

⑨ leg rend. bend oneself

⑩ strike repeatedly

Main motion - 10 minute

① review hours(last class)

② Down block

<table>
<tr><td>③ Middle block
Fickleness motion - 10 minute
(To day review exercises)</td></tr>
</table>

<table>
<tr><td>Topic</td><td colspan="2">Title - Stance Motion</td><td>Day</td><td>Mon</td></tr>
<tr><td>Aim</td><td colspan="4">준비서기를 익힌다.
주춤서기를 익힌다.</td></tr>
<tr><td>Grade</td><td>▶Age
5. 6. 7</td><td>Material</td><td colspan="2"></td></tr>
<tr><td>Activities</td><td>- Ready stance
- Horse stance</td><td>Contents</td><td colspan="2">stretch-10 minute
Main motion-10 minute
Fickleness motion - 10 minute</td></tr>
<tr><td colspan="5">Procedure</td></tr>
<tr><td>Greeting chant</td><td colspan="4"></td></tr>
<tr><td colspan="5">stretch - 10 minute
1)Standing
① arm stretch jump (4 stage)
② Down up motion
③ turn motion(knee, waist, shoulder, neck, wrist, ankle)
④ muscular and ligament stretch
2)Sit down</td></tr>
</table>

⑤ leg stretch oscillate
⑥ leg stretch bend oneself
⑦ the sole of a foot attach oscillate
⑧ the sole of a foot stretch bend oneself
⑨ leg rend. bend oneself
⑩ strike repeatedly

Main motion - 10 minute

① review hours(last class)
② Ready stance
③ Horse stance

Fickleness motion - 10 minute

(To day review exercises)

<table>
<tr><td>Topic</td><td colspan="2">Title - Stance Motion</td><td>Day</td><td>Tue</td></tr>
<tr><td>Aim</td><td colspan="4">앞서기를 익힌다.
뒷서기를 익힌다.</td></tr>
<tr><td>Grade</td><td>▶Age
5. 6. 7</td><td>Material</td><td colspan="2"></td></tr>
<tr><td>Activities</td><td>- Walking stance
- Back stance</td><td>Contents</td><td colspan="2">stretch-10 minute
Main motion-10 minute
Fickleness motion - 10 minute</td></tr>
<tr><td colspan="5">Procedure</td></tr>
<tr><td>Greeting chant</td><td colspan="4"></td></tr>
<tr><td colspan="5"></td></tr>
</table>

stretch - 10 minute

1)Standing

① arm stretch jump (4 stage)

② Down up motion

③ turn motion(knee, waist, shoulder, neck, wrist, ankle)

④ muscular and ligament stretch

2)Sit down

⑤ leg stretch oscillate

⑥ leg stretch bend oneself

⑦ the sole of a foot attach oscillate

⑧ the sole of a foot stretch bend oneself

⑨ leg rend. bend oneself

⑩ strike repeatedly

Main motion - 10 minute

① review hours(last class)

② Walking stance

③ Back stance

Fickleness motion - 10 minute

(To day review exercises)

Topic	Title - Kicking Motion		Day	Thur
Aim	옆차기를 익힌다.			
Grade	▶Age 5. 6. 7	Material		
Activities	- Side kick	Contents	stretch - 10 minute Main motion - 10 minute Fickleness motion - 10 minute	
Procedure				
Greeting chant				

stretch - 10 minute

1)Standing

① arm stretch jump (4 stage)

② Down up motion

③ turn motion(knee, waist, shoulder, neck, wrist, ankle)

④ muscular and ligament stretch

2)Sit down

⑤ leg stretch oscillate

⑥ leg stretch bend oneself

⑦ the sole of a foot attach oscillate

⑧ the sole of a foot stretch bend oneself

⑨ leg rend. bend oneself

⑩ strike repeatedly

Main motion - 10 minute ① review hours(last class) ② Side kick **Fickleness motion - 10 minute** (To day review exercises)

Topic	Title - Kicking Motion		Day	Fri
Aim	뒷차기를 익힌다.			
Grade	▶Age 5. 6. 7	Material		
Activities	- Back kick	Contents	stretch - 10 minute Main motion - 10 minute Fickleness motion - 10 minute	
Procedure				
Greeting chant				
stretch - 10 minute 1)Standing ① arm stretch jump (4 stage) ② Down up motion ③ turn motion(knee, waist, shoulder, neck, wrist, ankle)				

④ muscular and ligament stretch
2)Sit down
⑤ leg stretch oscillate
⑥ leg stretch bend oneself
⑦ the sole of a foot attach oscillate
⑧ the sole of a foot stretch bend oneself
⑨ leg rend. bend oneself
⑩ strike repeatedly

Main motion - 10 minute

① review hours a week class
② Back kick

Fickleness motion - 10 minute

(To day review exercises)

Topic	Title - Stance Motion		Day	Wed
Aim	앞굽이를 익힌다. 뒷굽이를 익힌다.			
Grade	▶Age 5. 6. 7	Material		
Activities	- Fore stance - Back stance	Contents	stretch - 10 minute Main motion - 10 minute Fickleness motion - 10 minute	
Procedure				

<table>
<tr><td>Greeting chant</td><td></td></tr>
<tr><td colspan="2">
stretch - 10 minute
1)Standing
① arm stretch jump (4 stage)
② Down up motion
③ turn motion(knee, waist, shoulder, neck, wrist, ankle)
④ muscular and ligament stretch
2)Sit down
⑤ leg stretch oscillate
⑥ leg stretch bend oneself
⑦ the sole of a foot attach oscillate
⑧ the sole of a foot stretch bend oneself
⑨ leg rend. bend oneself
⑩ strike repeatedly
Main motion - 10 minute
① review hours(last class)
② Fore stance
③ Back stance
Fickleness motion - 10 minute
(To day review exercises)
</td></tr>
</table>

<table>
<tr><td>Topic</td><td colspan="2">Title - Stance Motion</td><td>Day</td><td>Thur</td></tr>
<tr><td>Aim</td><td colspan="4">꼬아서기를 익힌다.</td></tr>
<tr><td>Grade</td><td>▶Age
5. 6. 7</td><td>Material</td><td colspan="2"></td></tr>
<tr><td>Activities</td><td>- cross stance</td><td>Contents</td><td colspan="2">stretch - 10 minute
Main motion - 10 minute
Fickleness motion - 10 minute</td></tr>
<tr><td colspan="5">Procedure</td></tr>
<tr><td>Greeting chant</td><td colspan="4"></td></tr>
<tr><td colspan="5">stretch - 10 minute
1)Standing
① arm stretch jump (4 stage)
② Down up motion
③ turn motion(knee, waist, shoulder, neck, wrist, ankle)
④ muscular and ligament stretch
2)Sit down
⑤ leg stretch oscillate
⑥ leg stretch bend oneself
⑦ the sole of a foot attach oscillate
⑧ the sole of a foot stretch bend oneself
⑨ leg rend. bend oneself
⑩ strike repeatedly
Main motion - 10 minute
① review hours(last class)</td></tr>
</table>

② Cross stance **Fickleness motion - 10 minute** (To day review exercises)

Topic	**Title - Stance Motion**		**Day**	**Fri**
Aim	**범서기를 익힌다. 일주일동안 한 동작을 반복학습한다.**			
Grade	**▶Age 5. 6. 7**	**Material**		
Activities	**- Tiger stance**	**Contents**	**stretch - 10 minute Main motion - 10 minute Fickleness motion - 10 minute**	
Procedure				
Greeting chant				

stretch - 10 minute **1)Standing** **① arm stretch jump (4 stage)** **② Down up motion** **③ turn motion(knee, waist, shoulder, neck, wrist, ankle)** **④ muscular and ligament stretch** **2)Sit down** **⑤ leg stretch oscillate**

⑥ leg stretch bend oneself
⑦ the sole of a foot attach oscillate
⑧ the sole of a foot stretch bend oneself
⑨ leg rend. bend oneself
⑩ strike repeatedly
Main motion - 10 minute
① review hours a week class
② Tiger stance
Fickleness motion - 10 minute
(To day review exercises)

Topic	Title - Kicking Motion		Day	Mon
Aim	앞차기를 익힌다.			
Grade	▶Age 5. 6. 7	Material		
Activities	- Front kick	Contents	stretch - 10 minute Main motion - 10 minute Fickleness motion - 10 minute	

<table>
<tr><th colspan="2">Procedure</th></tr>
<tr><td>Greeting chant</td><td></td></tr>
<tr><td colspan="2">stretch - 10 minute
1)Standing
① arm stretch jump (4 stage)
② Down up motion
③ turn motion(knee, waist, shoulder, neck, wrist, ankle)
④ muscular and ligament stretch
2)Sit down
⑤ leg stretch oscillate
⑥ leg stretch bend oneself
⑦ the sole of a foot attach oscillate
⑧ the sole of a foot stretch bend oneself
⑨ leg rend. bend oneself
⑩ strike repeatedly
Main motion - 10 minute
① review hours(last class)
② Front kick
Fickleness motion - 10 minute
(To day review exercises)</td></tr>
</table>

<table>
<tr><td>Topic</td><td>Title - Kicking Motion</td><td>Day</td><td>Tue</td></tr>
<tr><td>Aim</td><td colspan="3">돌려차기를 익힌다.</td></tr>
<tr><td>Grade</td><td>▶Age
5. 6. 7</td><td>Material</td><td></td></tr>
<tr><td>Activities</td><td>- Round kick</td><td>Contents</td><td>stretch - 10 minute
Main motion - 10 minute
Fickleness motion - 10 minute</td></tr>
<tr><td colspan="4">Procedure</td></tr>
<tr><td>Greeting chant</td><td colspan="3"></td></tr>
<tr><td colspan="4">stretch - 10 minute
1)Standing
① arm stretch jump (4 stage)
② Down up motion
③ turn motion(knee, waist, shoulder, neck, wrist, ankle)
④ muscular and ligament stretch
2)Sit down
⑤ leg stretch oscillate
⑥ leg stretch bend oneself
⑦ the sole of a foot attach oscillate
⑧ the sole of a foot stretch bend oneself
⑨ leg rend. bend oneself
⑩ strike repeatedly
Main motion - 10 minute</td></tr>
</table>

① review hours(last class)
② Round kick
Fickleness motion - 10 minute
(To day review exercises)

What you have to remember during exercise as a bnner

You have to remember the following principles to be a high level Taekwondo man as fast as possible.

1. As a beginner, you can increase your level only through repetition of poses and motions. Especially when you don't have much experience of another kind of sports, the repetition determines all of the development in your practices.

Why? A good skill needs your controlability over every part in your motion of a moment, but you don't have it. It is difficult for everyone to control every part of his quick motion of a moment. So you should make your own practiced way of the motion and correct it little by little. And you need repetition to make your practiced way of a motion at first, and then to correct it to an exact one at second. Only after you've got your skilled motion, you can control it even in a moment. Remember, you cannot develope your Taekwondo with no time, no sweat and no pain.

2. The exact pose and motion is also very important. And the earlier the better. Usually, once you've been accustomed to a particular motion, especially to a bad one, it is really hard to correct it. The most important ones are the basics. Basic poses and basic skills. Thus you have to try your best to meet good master at first. If he is a good master, he should be able to explain every reason of the basic pose or able to prove it in his motion. Remember, if one is good, it also has good reasons why it is good, even if you cannot understand at a first sight. You can find those reasons of exact poses here in training part in this site.

(Caution : What a basic is like is determined by what the whole system is like. So you might find some differences between what you learned from your good master and what I'm explaining here. That is not difference in its essencel. You should understand the same harmony of both.)

3. An exact good pose and motion has some features. First, it is simple. it means it has no precaution, no unnecessary movements. It is really hard to delete those unnecessary movements at first and harder later but your master will help you.

Second, it is natural. Thus, it never hurts nor injures your body however much you practice it. If you are a beginner, you may feel some uncomfortables in an exact pose or motion, but as time passes on, to say precisely, at most before you get black belt, you can feel it. It is due to that an exact good pose or motion of Taekwondo is harmonized with structure of man's body.

4. The good and exact basic trainings are always hard. It increases your power very fast and very much, which requires your pain. Only under a condition that it never hurts your body essentially. If you find big difference in its hardness between two similar motions or poses, you'd better practice the harder one. Usually, the exactness in Taekwondo's skill leads you to the hardness. Remember, only when you exercise harder than your opponent, you can get control over him.

5. The last one. A good and exact basic training bores you very much. You should be able to enjoy the boringness in order to be high level Taekwondo man earlier. It is painful. Very hard to continue. But it also leads you to real strongness both in your body and in your spirit, and to the essential meaning of your life. (You can read its implication in .)

What you have to remember during exercise as a black belt

As a black belt you should focus on the harmony in your whole training.

You have to find unbalanced factor in your entire training. For an example, if you favor poomsae training you may need some more training of sparring, and vice versa. Usually, everyone's training can be easily biased to a certain disposition according to his own personality. You can find out your characteristics and sometimes the problems in your personality In Taekwondo in this manner. This is why Taekwondo can be helpful for your personality building.

And you have to balance training and another things of your life. It cannot be good if you should give up something important for TKD training only. If your job is TKD master you may be able to concentrate yourself on only TKD. But not everyone can be TKD master. If you have another job you should balance your daily life with TKD training. Even when you were a TKD master, you also should balance training with thinking, education and physical condition.

Without this harmony over everything you have to stop training sometimes and will lose your ability. As a beginner you need to go on hard training at first. But as a black belt this kind of attitude can destroy your body and life. You should be temperate in management of your TKD training. It is almost same to that you have to be temperate for the sake of more powerful skill.

And remember this for last.

There are three kinds of incomplete control in Taekwondo when you've gained it over your opponent; the first is that you get control only with power yet not with skill; the second is that you get control with power and skill yet not with excellence; the third is that you get control even with excellence yet failed with morality. When you fail to have him follow you with morality he will surely turn his back against you; when you fail to have him yield to you with excellence he will surely prepare for another challenge; and when you fail to control over him with skill you will be controled by him soon later.

You should be just and morally right in what you do as a black belt of Taekwondo. Then you can control everyone without attack and defence. This is the ultimate essence of Taekwondo as a principle.

Leadership Principles

1. Lead, follow or get out of the way
2. Be positive and be pro-active
3. Lead by an example and have a servant heart
4. Exercise humility and patience
5. Follow principles over popularity
6. Always think win/win solution
7. Stay out of comfort zone
8. Manage your resources diligently
9. Always plan and evaluate your jobs
10. Invest your time and energy in self-improvement

from American Martial Arts Academy

Taekwondo Academy

Martial Arts enthusiasts will be able to focus on Taekwondo for 16 hours each week, in addition to studying one of the College's many full-time programmes.

The Academy achievements to date, have produced Regional, British National and International Champions. The Academy will be competing on the European circuit next year as part of student development.

Students with the potential to deliver at the highest level will have a pathway to the G.B. squad, as the College is affiliated to the British Taekwondo Control Board.

It is the only Academy to have six Korean 4th Dan masters and 15th Dan master in the squad.

Taekwondo is a traditional martial art which is based upon the ancient martial heritage, spanning a period of almost 2000 years. It is now an official Olympic Sport and is practised by 60 million people worldwide, making it one of the most, if not the most popular martial art in the world today.

In addition to studying a full-time education programme at Filton College, Academy students will be taught how to recognise and deal with situations in which self-defence may be required. The Academy brings out the positive qualities in students whilst helping them to develop patience, confidence, self-discipline, inner calm, and a consistently positive mental attitude to overcome fear and self-doubt. Students will focus on patience, self-discipline, and serious dedicated training. A carefully planned programme will be delivered, teaching effective self-defence, strength development, cardiovascular fitness, flexibility, and Olympic style fighting techniques, through a combination of mental and physical training.

Academy students will participate in national and international championships.

Written by: Andrew May | **28 January 2011**

Last weekend students from the Filton College taekwondo Academy attended the British Taekwondo Control Board Referee Course run by the B.T.C.B (British Taekwondo Control Board) referees department.

Three students were successful in passing this tough examination. Oliver Small, Aaron Jones and Taehun Kim were all awarded the Referee Class 3 Corner Judge certificate. These individuals can now affricate at major taekwondo events in the UK. This qualification is recognised by the World taekwondo federation, The British Olympic Association, European taekwondo federation and the British taekwondo control board.

Oliver Small, A level Student, 19, has competed in Taekwondo competitions for the college over the last two years at national and international level, the highlight being Bronze at the British Taekwondo Control Board National championship. Oliver will be part of the college squad competing in Holland this year at the Dutch Masters event, one of the biggest Taekwondo competitions in Europe.

Aaron Jones, 16, is in his first year at the college studying Extended Diploma in Sport. During his first year he has competed in two competitions so far, winning a silver and gold within his class. He will be competing at the British National Taekwondo open championship February 28. If he can medal in his class he will qualify for the Dutch Masters.

Taehun Kim, 18, is an international student from Korea. Taehun is in his second year studying English. He competed in many competitions last year winning a total of six medals.

Mark Jones, Head Coach of the Taekwondo Academy at Filton College comments: "This is an excellent achievement and a very prestige qualification. All three students should be extremely happy with their hard work. If they continue to judge and gain experience, who knows, one day an ex student from Filton college may officiate at the Olympic games."

이 정 일

(경력)

경기대학교 박사과정

경희대학교 체육학 석사

경민대학 영국유학반과정 주임교수

한국 나사렛대학교 태권도학과 전공영어 및 태권도영어 지도교수

한국 나사렛대학교 오웬스 국제학부 태권도 강사

경기대학교 사회교육원 경호비서학과 외래교수

영국국립대학 브리스톨 filton college 한국지사장

영국국립대학 브리스톨 filton college 태권도대회 조직위원장

한국산업인력공단 캐나다취업연수 연수원장

국제태권도학교 연수원장

한국대학태권도연맹 임원

한국중고태권도연맹 임원

아이짐 키즈스포츠 센터 대표이사

최 원 교

(경력)

경희대학교 태권도학과 졸업 (학사)

성균관대학교 과학기술대학원 비만클리닉학과 (석사)

신성대학 태권도학과 강사

용인외국어고등학교 태권도 강사

성신여자대학교 체육학과 강사

제13회 대한민국 신지식인 선정 (교육분야)

중소기업청 주관 창업 “사업계획서 발표대회” 최우수상

"두뇌UP! 건강UP!" 보건복지부 지원

성균관대학교 체력과학연구소 건강운동프로그램 수상

경희대드림태권도장 운영중